KB009997

아우구스티누스 읽기

.

세창사상가산책23

아우구스티누스 읽기

초판 1쇄 인쇄 2023년 9월 1일
초판 1쇄 발행 2023년 9월 11일

—

지은이 양명수
펴낸이 이방원
기획위원 원당희
책임편집 조성규   **책임디자인** 손경화
마케팅 최성수 · 김 준   **경영지원** 이병은

—

펴낸곳 세창미디어

신고번호 제2013-000003호 주소 03736 서울시 서대문구 경기대로 58 경기빌딩 602호
전화 723-8660 팩스 720-4579 **이메일** edit@sechangpub.co.kr **홈페이지** http://www.sechangpub.co.kr
블로그 blog.naver.com/scpc1992 페이스북 fb.me/Sechangofficial 인스타그램 @sechang_official

—

ISBN 978-89-5586-772-5   04080

978-89-5586-191-4 (세트)

ⓒ 양명수, 2023

이 책에 실린 글의 무단 전재와 복제를 금합니다.

세창사상가산책 | AUGUSTINUS HIPPONENSIS

아우구스티누스 읽기

양명수 지음

23

세창미디어
MEDIA

들어가는 말

    그리스도교 초기에 신앙의 정체성이 확립되는 데에 공헌한 이들을 교회의 아버지, 곧 교부라고 부른다. 아우구스티누스 Aurelius Augustinus(354-430)는 그리스도교 신앙을 사상이 되도록 만든 위대한 교부이다. 그는 서양의 인간관과 세계관이 정립되는 데에 크게 공헌했다.

    아우구스티누스가 그리스도교에 미친 영향에 대해서 학자들은 이렇게 말한다. "서구의 신학은 아우구스티누스 작품의 주석이라고 할 수 있다"(E. TeSelle). "히포의 아우구스티누스는 그리스도교 사상사에서 가장 중요하고 영향력 있는 인물 두세 명 안에 든다. 중요한 인물을 꼽는 것에 대해서는 학자마다 생각이 다르겠지만, 어느 학자의 명단에도 빠질 수 없는 하나의 인물을 들라고 한다면 단연 아우구스티누스이다"(J. Pelikan).

서방교회로 불리는 로마 가톨릭교회뿐 아니라 동방교회로 불리는 그리스정교에서도 아우구스티누스는 성인으로 인정되었다. 그래서 그는 보통 '성Saint 아우구스티누스'라고 불리고, 오랫동안 북아프리카의 도시 히포의 주교를 지냈기 때문에 '히포의 아우구스티누스Aurelius Augustinus Hipponensis, Augustine of Hippo'로 불리기도 한다. 히포는 오늘날 알제리의 도시 안나바이다.

서양의 문화를 그리스 인문주의와 그리스도교 신앙의 결합으로 본다면, 아우구스티누스는 적어도 그리스도교 전통의 기반을 확립한 신학자이며 나아가 서양의 인문학과 사회과학에까지 큰 영향을 미친 사상가이다. 서구의 사상과 법과 제도는 그리스도교 신학과의 대화를 통해서 기초를 다지고 형태를 갖추었다. 수많은 서양의 사상가들이 아우구스티누스의 신학을 통해 영감을 받았다. 때로는 교회를 비판하기 위해서라도 아우구스티누스의 사상을 연구해야 했다.

아우구스티누스는 그리스도교의 중요한 교리인 원죄론이

나 삼위일체론, 그리고 교회론의 정립에 크게 공헌했으며, 중세 교회와 국가의 관계에 지대한 영향을 주었다. 교회의 교리가 정립되는 데에 이바지한 그의 공헌 때문에 그는 '교회의 박사Doctor ecclessiae'로 불린다.

고대 말기에 형성된 아우구스티누스의 신학은 중세는 물론 근대사회의 탄생에도 큰 영향을 미쳤다. 아우구스티누스의 원죄론은, 인간사회의 구조 악에 대한 비판정신의 측면에서 서양인들의 자의식과 사회 비판의 원형을 이루었다. 또한 신 앞에서의 '나'를 강조한 그의 인간 이해는 서구 개인주의와 실존주의 철학의 기원으로 일컬어진다. 그리고 국가와 정치를 죄의 산물로 본 그의 정치철학은, 국가 공권력 비판의 토대를 이루면서 근대 자유주의 정치철학의 기원이 되었다고 학자들은 평가한다.

계몽주의 이후 이성의 시대에 들어서면서 교회 비판과 함께 아우구스티누스에 대한 비판도 제기되었다. 프랑스의 계몽주의자 볼테르Voltaire는 아우구스티누스의 중요성에 대해 평가절하했다. 그러나 프랑스의 철학자 말브랑슈Malebranche나 독일의 라이프니츠처럼 아우구스티누스의 영성과 형이상학을 되살리려는 운동은 파리와 루뱅을 비롯한 독일과 이탈리아의 도시들을 중심으로 끊임없이 이어졌다.

사실 근대 초기의 인문주의자 중에는 교회를 비판하기 위해 아우구스티누스를 끌어들인 사람들이 많다. 이탈리아 르네상스의 문을 연 14세기의 페트라르카F. Petrarca와 16세기의 인문주의자 에라스뮈스D. Erasmus 역시 아우구스티누스 연구가였다. 현대 정치철학의 기원으로 불리는 마키아벨리, 그리고 데카르트와 칸트와 헤겔은 물론이고 홉스와 로크의 자유주의 사상 그리고 키르케고르S. Kierkegaard와 하이데거의 실존철학 및 후설의 현상학과 데리다의 포스트모더니즘에 이르기까지 현대 철학에서 중요한 위치를 차지하는 사상가들에게도 아우구스티누스 신학의 영향은 절대적이었다.

20세기의 프랑스 철학자 장 기통J. Guitton은 이렇게 말했다.

"아우구스티누스 이후 서양철학에서 나온 새로운 것은 모두 아우구스티누스의 토양 안에서 조성된 것이다. 16세기 이후 출현한 반反그리스도교 철학도 마찬가지이다. 그들은 아우구스티누스의 방법론을 빌려 그의 사상을 변형시키거나 뒤집어 놓았다.

스피노자와 키르케고르나 헤겔을 포함해서 최근의 철학자들이 모두 그렇다.”

이처럼 그리스도교의 정립과 인류 정신사의 발전에 다양한 영향을 미친 아우구스티누스의 방대한 사상을 정리하는 일은 쉽지 않다. 다만 오랫동안 아우구스티누스의 문헌을 읽고 생각하고 가르친 사람으로서, 부족하나마 능력이 미치는 범위에서 그의 중요한 저술들을 분석해서 다양한 주제의 핵심을 알리려고 노력했다. 인식론부터 정치철학과 역사철학에 이르기까지 아우구스티누스의 그리스도교가 인류의 정신사에 미친 영향이 무엇인지 잘 드러나기를 바랄 뿐이다.

북한산이 마주 보이는 처소에서 이 책의 뼈대가 세워졌고, 그 이후 장소를 옮겨 몸의 상태가 허락하는 대로 틈틈이 글을 쓰다 보니 3년 가까운 시간이 지났다. 감사의 마음을 전해야 할 분들이 많다.

2023년 여름에
한강 하류의 우허당에서

1

아우구스티누스 사상의 영향

아우구스티누스가 활동하던 4, 5세기를 학자들은 고대 말기라고 부른다. 그리스 인문주의 철학이 꽃을 피운 지 몇백 년후에 플라톤의 후예인 후기 아카데미학파는 회의주의로 흐르고 있었고, 반면에 알렉산드리아의 플로티누스와 그의 제자들은 내면의 신비주의 경향을 지닌 신플라톤주의를 꽃피우고 있었다. 그런가 하면 로마에서는 기원전부터 스토아철학이 지도층에 깊게 자리 잡아 키케로 같은 사상가를 배출했다. 한편 민중들 사이에서는 영지주의나 마니교 같은 극단적 이원론의 종교가 영향력을 행사하고 있었다.

아우구스티누스는 고대 말기의 다양한 문화적 흐름을 경험했다. 진리를 인간 내면에서 찾는 그리스의 인문주의 철학이 아우구스티누스에게 영향을 미쳤다. 그는 로마 지식인들의 스토아철학과 플라톤철학을 그리스도교화했다. 이러한 변화를 가리켜 학자들은 인문주의가 그리스도교의 세례를 받았다고 표현하기도 한다(J. Rist).

한편 로마에서는 콘스탄디누스 대제와 그의 후계자들이 교회에 큰 특권을 부여하고 오직 그리스도교를 공식적 종교로 인정했음에도 불구하고 오래전부터 뿌리내린 다신론이 로마의 귀족들과 민중에게 영향을 주고 있었다. 아우구스티누스는 로마의 전통적 자연종교를 부도덕한 미신으로 규정했다. 그리고 그는 그리스도교적인 존재 긍정의 세계관과 자유의지론을 통해 마니교 같은 극단적 이원론의 종교를 극복하였다.

라틴 문명권에서 성장하고 활동한 아우구스티누스는 특히 서유럽 문화의 형성에 큰 영향을 미쳤다. 초기 그리스도교는 헬레니즘 문명권에 속하는 이집트의 알렉산드리아와 팔레스타인의 카이사레아 그리고 발칸반도와 오늘날의 터키에 해당되는 소아시아 지방의 도시들에서 걸출한 신학자를 배출했다. 이 지역들의 교회를 동방교회라고 부른다. 그리스도교 초기의 교회 신조는 그리스어로 표현될 만큼 동방교회의 영향력이 컸다.

그러나 아우구스티누스로 말미암아 서방교회는 동방교회와 다른 색깔을 지니게 되었다. 오늘날 가톨릭과 개신교 지역에 해당하는 서유럽은 아우구스티누스 신학에서 발전된 정신

문화의 유산을 지니고 있다. 그래서 아우구스티누스는 "서구의 박사Doctor of the West"라고 불린다(The New Catholic Encyclopedia). "이 세상을 보는 서구인들의 눈에는 아우구스티누스 딱지가 붙어 있다고 해도 틀린 말이 아니다"(J. Mattox).

불가타로 불리는 라틴어 성경 번역으로 유명한 베들레헴의 히에로니무스(제롬)와 삼위일체 교리 정립에 크게 기여한 니사의 그레고리우스와 나지안조스의 그레고리우스 같은 카파도키아학파의 학자들이 아우구스티누스와 동시대인이었다. 그러나 아우구스티누스는 그들과 특별한 접촉이 없었다. 그러면서 그는 동유럽과 어느 정도 차이를 보이는 신학의 전개로 그리스도교 사상을 풍부하게 하며 서구 문화의 정립과 발전에 기여했던 것이다.

물론 아우구스티누스의 사상은 동방교회에도 영향을 미쳤고 그의 추종자들이 동방교회에서도 활약했다. 어떻든 아우구스티누스의 사상을 토대로 삼아 유럽 대륙 전체가 정치질서를 그리스도교 신앙의 토대 위에 세우는 그리스도교 왕국Christendom을 건설하였다. 아우구스티누스의 영향력은 유럽의 중세뿐 아니라 근대의 탄생에까지 미친다.

먼저 중세 유럽의 형성에 미친 그의 영향을 보자. 성서적 인간관과 세계관에 바탕을 둔 아우구스티누스의 국가관과 교회론은 주권이 교황과 황제로 양분되는 독특한 중세 체제를 만드는 데 기여했다. 정교분리가 이루어진 가운데에서도 군대를 가진 정치권력이 정신적 권위를 가진 종교권력 앞에 무릎을 꿇는 중세 서구의 통치 체제가 형성되는 데에 아우구스티누스의 『신국론』에 나타난 신학 사상과 정치철학이 영향을 주었다.

물론 아우구스티누스는 제도 교회가 신의 진리와 일치한다고 보지 않았고, 국가와 교회의 관계에 대해서도 명확하게 말하지 않았다. 그러나 6세기 이후의 교황들과 학자들은 국가와 정치를 죄의 산물로 본 아우구스티누스의 사상을 끌어왔다. 그리하여 국가의 법보다 교회법이 보편 법으로서의 힘을 가지는 서구 중세의 독특한 질서가 생겨났다.

국가에 대한 교회의 우위는, 교회에 의해 대표되는 영적이고 도덕적인 권위가 칼을 가진 정치권력을 견제하는 현실적 힘을 가졌다는 점에서 그 의미를 되새겨 볼 만하다. 중세를 암흑의 시대로 보는 시각은 오늘날 수정되고 있으며, 학자들은 중세 체제에서 서구사회의 근간이 탄생했음을 인정한다. 파문과 고백성사라는 제도를 통한 황제권력에 대한 견제, 교회의 행정 체제에 도입된 삼권분립 그리고 유기체적 공동체관을 통한 사유재산의 제한, 출신이나 재산에 관계없이 누구나 치료받을 수 있도록 노트르담 앞에 세워진 공공 병원의 건립 등은 현대사회로 이어지는 중세 그리스도교 사회의 유산이다.

흔히 중세를 아퀴나스 신학의 시대라고 일컫고, 아우구스티누스 사상에 기반을 둔 개신교와 아퀴나스 신학에 기반을 둔 가톨릭을 구분하기도 한다. 철학으로 보면 아우구스티누스는 플라톤에 가깝고 아퀴나스는 아리스토텔레스에 가까운 차이가 있다. 『신학대전』에서 아퀴나스는 아리스토텔레스를 가리켜 '그 철학자the Philosopher'라고 부른다. 아리스토텔레스의 사상이 아퀴나스의 신학에 얼마나 중요한지를 잘 보여 주는 대목이다. 철학의 차이 때문에 아퀴나스의 사상은 아우구스티누스와 다른 점을 보인다.

가톨릭교회는 19세기 말에 제1차 바티칸 공의회를 통하여 아퀴나스 사상을 가톨릭교회의 공식적인 신학으로 규정했다.

아퀴나스는 인간의 이성 능력에 대한 평가나 정치신학 등에서 아우구스티누스와 차이를 보인다.

그러나 중세 신학이 아리스토텔레스와 아퀴나스의 지배하에 있었다고 할 수는 없다. 아우구스티누스의 사상은 중세에도 여전히 큰 영향력을 행사했다. 앞에서 말한 대로 주권이 교황과 황제에게 나누어져 있던 중세 체제는 아우구스티누스 사상에 기초를 둔 것이다. 뿐만 아니라 중세의 대학 강단에서 신학 교과서로 사용된 롬바르두스Lombardus의『명제집』은 아우구스티누스의 문장을 모아 놓은 책이다. 이 책은 12세기부터 16세기까지 가장 많이 읽힌 책이다.

13세기 이후 아퀴나스 사상이 크게 성행할 때에도 아우구스티누스의 신학을 지지하는 세력 역시 큰 영향력을 가지고 있었다. 도미니크수도회는 아퀴나스를 중심으로 신학 사상을 구축했는데, 보나벤투라와 둔스 스코투스를 중심으로 한 프란체스코회가 아우구스티누스 사상을 지지하며 큰 세력을 형성하고 있었다.

사실 아퀴나스 자신의 사상 자체도 아우구스티누스를 빼고 말할 수 없다. 아퀴나스는 아우구스티누스 사상을 아리스토텔레스의 철학 체계 속으로 흡수했다는 평가를 받는다. 그러나 철학 너머 신앙의 진리를 말할 때에 아퀴나스는 아우구스티누스의 권위를 끌어오지 않을 수 없었다. 『신학대전』에서 아퀴나스가 '그 신학자the Theologian'의 말씀이라고 수없이 인용하는 사람은 다름 아닌 아우구스티누스이다. 어떤 면에서 아퀴나스 신학은 아리스토텔레스의 철학과 아우구스티누스 신학의 대화를 통해 형성된 것이라 할 수 있다.

아우구스티누스의 영향력은 중세를 넘어 근대의 탄생에도 이어진다. 서구의 근대적 인간관과 정치 체제는 종교개혁과 함께 시작되는데, 종교개혁은 아우구스티누스 사상의 온전한 회복이라고 할 수 있다. 원래 중세의 스콜라 신학을 공부했던 마르틴 루터는 아우구스티누스를 연구하면서 종교개혁을 위한 신학적 근거를 얻을 수 있었다. 그는 스콜라 신학의 기반이 된 아리스토텔레스의 철학을 비판하면서 아우구스티누스 사상을 전면에 내세웠다. 루터 스스로 아우구스티누스만큼 자기에게 영향을 준 학자는 없다고 말했다.

한편 칼뱅은 원래 세네카를 연구한 인문주의자였는데, 루터의 종교개혁 운동이 유럽 전역으로 번지자 아우구스티누스

사상으로 돌아서면서 종교개혁자의 길로 들어섰다.

아퀴나스에게서 집대성된 중세 스콜라철학은 이성과 신앙의 거리를 좁혀 놓았지만, 루터와 칼뱅은 아우구스티누스의 원죄론을 바탕으로 인간의 무능과 신의 은총을 강조했다. 그 결과 사람이 만든 교회의 전통보다 개인의 내면에 임하는 성령의 은총이 더 중요하게 되었다. 이제 신의 뜻은 사제가 가르쳐 주지 않아도 각자 성서를 통해 알 수 있는 것이 되었다. 그리하여 개인의 내면적 결단에 의한 주체적 신앙이 유일한 구원의 수단이 되면서 교회의 객관적 권위가 많이 약화되었다.

이처럼 신앙의 무게중심이 중세 신학의 교회주의로부터 종교개혁자들의 복음주의로 옮겨 가면서 확실한 정교분리에 의한 근대적 주권국가가 탄생했다. 그리고 개인의 주관적 내면이 진리 계시의 장소로 부각되면서, 개인이 교회나 국가 같은 객관적 제도와 관습으로부터 독립적 지위를 차지하게 되었다. 그 결과 개인의 자유를 기초로 한 근대사회의 길이 열렸다. 결국 아우구스티누스 신학을 철저하게 되살린 종교개혁자들의 인간관과 구원론의 변화가 근대의 자율적 인간의 탄생과 세속화 및 정치적 자유주의의 탄생으로 이어졌다.

인간의 원죄를 강조한 아우구스티누스 신학이 자유와 평등을 내세운 근대사회를 여는 데 기여했다는 점은 이상하게 들릴 수 있다. 그러나 인간의 뿌리 깊은 악의 성향을 지적한 아우구스티누스의 원죄론은 서구의 역사를 비관주의로 인도하기보다는 제도와 관습 속에 들어 있는 폭력을 고발함으로써 개인의 자유와 존엄성을 확보하는 데에 중요한 역할을 했다.

서양에서 근대사회의 여명을 연 커다란 사건으로 보통 종교개혁과 르네상스를 꼽는다. 북유럽에서 일어난 종교개혁은 물론이거니와 남유럽인 이탈리아에서 발생한 르네상스에도 아우구스티누스의 영향이 크다. 14세기의 페트라르카는 이탈리아 르네상스의 문을 연 시인으로 평가되는데, 그는 아우구스티누스의 『고백록』을 읽으며 개인의 내면에서 진리를 찾을 수 있음을 확신했고 인간 중심의 새로운 문화적 상상력을 펼칠 수 있었다.

한편 교회의 부패를 고발한 16세기의 인문주의자 에라스뮈스도 아우구스티누스 연구가였다. 그의 『자유의지론』은 아우구스티누스의 『자유의지론』의 해석판이라고 할 수 있다. 루터의 『노예의지론』이 죄의 필연성을 강조한 아우구스티누스의 후기 작품에 기초를 두고 있다면, 에라스뮈스는 아우구스티누스가 초창기에 마니교에 반대하기 위해 강조한 자유의지론에 기대어 루터를 공격한 것이다.

아우구스티누스는 종교개혁자들을 통해 근대사회의 탄생에 영향을 주었을 뿐 아니라 근대의 철학자들에게도 직접적으로 영향을 주었다. 몇 가지만 간단히 언급해 보자.

루터와 동시대인이자 근대 정치사상의 효시로 불리는 마키아벨리도 아우구스티누스에게서 영향을 받았다. 마키아벨리는 정치와 윤리를 분리함으로써 정치의 기반을 도덕에서 찾은 중세 스콜라 신학의 정치철학에서 벗어났다. 마키아벨리는 인간이 어떻게 살아야 하는지보다는 실제로 어떻게 살고 있는지에 기초를 두고 정치사상을 전개했는데, 아우구스티누스의 정치적 현실주의가 그에게 영감을 주었다.

현실 정치의 도덕성에는 근본적 한계가 있다는 주장은 아우구스티누스 정치사상의 핵심이다. 아우구스티누스는 성서의 가르침과 설교를 현실 정치에 그대로 적용할 수 없다고 보았다. 그는 정치의 역할을 인간의 도덕성을 향상시키는 데서 찾지 않았다. 정치공동체인 국가는 도덕공동체일 수 없다고 본 점에서 아우구스티누스의 정치사상은 고대 인문주의자들이나 중세의 아퀴나스와도 다르다.

한편 아우구스티누스는 서구 개인주의의 시조로 불리기도 한다. 그는 고대사회의 말기에 유행하던 아카데미학파의 회의주의를 극복하면서, 생각하고 의심하는 '나'라는 존재의 확실성을 세웠다. 말하자면 아우구스티누스는 이미 4세기에 외부 세계로부터 독립한 개인 내면의 자기의식을 진리인식의 주체로 만드는 사유를 진행했다.

학자들은 '생각하는 나cogito'의 존재의 확실성을 확립한 17세기의 데카르트가 아우구스티누스의 영향을 받았다고 본다. 데카르트 사상의 출발점을 아우구스티누스에게서 찾고(Stephan Menn), 데카르트의 철학을 아우구스티누스의 부활로 본다(Charles Taylor).

또한 아우구스티누스는 근대 자유주의 형성에도 영향을 미쳤다. 자유주의는 국가로부터 개인의 권리를 보호하는 사상을 가리킨다. 정치철학자들은 17, 18세기의 사회계약론과 프랑스대혁명이 16세기의 루터와 칼뱅의 직접적인 영향을 받았다고 보는데, 루터와 칼뱅의 사회사상은 아우구스티누스의 정치신학에 기반을 두고 있다. 그들은 아주 세밀한 부분까지 아우구스티누스를 따라 국가와 정치의 위상을 비판적으로 정립했다.

근대 자유주의의 출발로 알려진 토머스 홉스와 존 로크는 국가라고 하는 정치공동체를 이상적 사회와 구분하였다. 그런데, 국가와 사회의 구분은 국가를 죄의 산물로 본 아우구스티누스의 국가관에서 그 기원을 찾을 수 있다. 아우구스티누스는 성서를 근거로 삼아 인간이 사회적 피조물이지만 본성적으로 정치적 존재는 아니라고 보았다. 아우구스티누스의 정치신학은, 국가를 최고선의 공동체로 본 아리스토텔레스의 정치학과 근본적으로 다른 사회적 상상력을 서구사회에 제공했다. 아우구스티누스에게서 시작된 국가 비판은 카를 마르크스의 국가 체제 비판에까지 이어진다고 할 수 있다.

또한 근대 자유주의 사상의 한 축을 이루면서도 이성의 한계를 말한 칸트 역시 루터와 아우구스티누스의 영향을 크게 받았다. 그가 『실천이성비판』의 변증론에서 펼친 최상선the supreme good과 최고선the highest good 개념은 아우구스티누스가

『신국론』에서 펼친 '신의 도성의 백성이 누릴 궁극적 자유와 지복'을 세속화한 것이며, 칸트가 『이성의 한계 안에서의 종교』에서 전개한 근본악에 관한 고찰은 아우구스티누스가 펠라기우스주의자들과 논쟁하며 원죄를 설명한 논리를 크게 닮았다.

『도덕적 인간과 비도덕적 사회』의 저자인 미국의 라인홀드 니부어 역시 아우구스티누스 전통의 학자이다. 그는 인간의 집단적 악의 성향이 지니고 있는 파괴력에 주목하여 그리스도교 현실주의를 주창하며 20세기 초중반 미국의 국제정치에 큰 영향력을 행사했다.

한편 정치철학자로 유명한 한나 아렌트 역시 아우구스티누스 연구가인데, 그의 박사학위 논문은 『아우구스티누스의 사랑 개념』에 관한 것이다. 그는 2차 대전의 나치 전범인 아이히만의 재판을 다룬 책 『예루살렘의 아이히만』에서 이른바 '악의 평범함'이란 말로 유대인들의 반발을 샀는데, '악의 평범함'은 알고 보면 아우구스티누스가 말한 인간의 원죄를 다른 말로 표현한 것이다.

아우구스티누스의 시간관도 서양의 시간관과 역사의식에

큰 영향을 주었는데,『고백록』11권에서 전개한 현재 중심의 시간관은 베르그송의 시간관과 키르케고르의 실존철학 그리고 후설과 하이데거의 현상학적 시간의 기원이 된다. 또한 아우구스티누스는 그리스와 이집트 및 근동 지방의 순환적 시간관을 벗어나 시간의 흐름 끝에 신의 도성이 도래하리라고 봄으로써 역사에 목적을 설정했다. 아우구스티누스의 직선적인 종말론적 시간관이 없었다면 서양의 발전사관이나 헤겔의 역사주의 철학도 출현하기 어려웠을 것이다.

한편 아우구스티누스의 성서 해석학은 현대의 언어철학과 해석학에 영향을 주었다. 아우구스티누스는 성서를 상징 언어로 보았고, 인간의 자기이해가 텍스트의 해석에 의해서 이루어진다고 생각했다. 그런 점에서 아우구스티누스의 해석학은 마르틴 하이데거와 폴 리쾨르 같은 현대의 해석학자들이 데카르트의 코기토를 수정하며 내세우는 해석학적 주체의 기원을 이룬다. 아우구스티누스의 사상은 폴 리쾨르의 철학 전반에 걸쳐 영향을 주었는데, 특히 그의 책『시간과 이야기』에서 아우구스티누스는 매우 중요한 비중을 차지한다.

그런데, 아우구스티누스가 말한 자아는 신율적 주체로서 근대의 자율적 주체와 다르다. 신율과 자율의 차이는 근대적 주체를 수정하고자 하는 탈근대주의자들 또는 포스트모더니스트들에게도 영향을 주고 있다. 물론 탈근대주의자들이 그리스도교 신앙이나 아우구스티누스의 신율로 돌아가고자 하는 것은 아니다. 그러나 근대의 자율적 주체의 결과물인 동일성의 철학을 벗어나기 위해 포스트모더니즘 철학자들은 아우구스티누스의 신학을 대화의 상대로 삼았다.

대표적 포스트모더니스트인 자크 데리다는 1989년에 아우구스티누스와의 대화를 시도한 『서컴페션Circumfession』이란 작품을 쓰는데, 이 작품에는 아우구스티누스의 『고백록』에 들어 있는 글귀가 많이 등장한다. 또 다른 유명한 포스트모던 철학자인 프랑수아 리오타르Lyotard의 마지막 작품은 그가 죽은 지 1년 후인 1998년에 출판된 『아우구스티누스의 고백록』이었다. 한편 포스트모더니스트들이 중요하게 보는 하이데거가 1921년에 「아우구스티누스와 신플라톤주의」라는 제목의 강의를 한 것은 잘 알려져 있는 사실이다. 사실 하이데거는 아우구스티누스의 작품인 『고백록』의 연구가이기도 했다.

20세기의 교회사가인 캄펜하우젠은 이렇게 말했다.

"교부들 중에서 오늘날까지 강력한 지적 권위를 행사하는 이는 아우구스티누스밖에 없다. 학파나 교파를 가리지 않고 그의 작품은 모든 그리스도인의 주목을 끈다. 그리스도인뿐 아니라 무신론자들마저도 그의 글을 연구하지 않을 수 없다. 신학자뿐 아니라 철학자들도 그의 글을 비켜 갈 수 없다. 그의 작품을 통해 사람들은 그의 사상과 인물에 매혹된다."

2

아우구스티누스의 삶과 작품

1
어린 시절부터 세례까지

아우구스티누스는 타가스테라는 마을에서 354년 11월 13일에 태어났다. 타가스테는 지금은 알제리 동쪽의 수크아라스 Souk-ahras라는 이름의 도시이다. 당시에 북아프리카는 로마제국의 영토였으므로 아우구스티누스는 로마의 교양을 담은 라틴 문명 안에서 성장하고 교육받았다. 그가 수사학을 공부한 카르타고와 나중에 주교로 봉직한 도시 히포는 모두 북아프리카의 도시로서 지금의 튀니지와 알제리에 속하는 지역들이다.

그리스도교가 전파된 이후에 카르타고에서는 2-3세기에 테르툴리아누스(160-220)나 키프리아누스(258년 순교) 같은 중요한 교부들이 활동했다. B.C. 8세기에 페니키아인들이 활발한 해상 활동을 통해 북아프리카에 들어와 정착했는데, 그 전에 살던 원주민들을 가리켜 베르베르인이라고 불렀다. 아우구스티누스 어머니의 이름인 모니카는 베르베르인의 이름이라고 한다.

12세에 집을 떠나 마다우로스로 유학을 떠난 아우구스티누스는 16세까지 그곳에서 문법을 배운다. 문법 공부를 하면서 로마의 고전들을 접하는데, 로마의 최고 시인인 베르길리우스의 작품을 읽는다. 370년 가을에는 아버지와 친척관계인 부호 로마니우스라는 사람의 후원으로 마침내 당시 북아프리카의 최대 도시인 카르타고로 유학을 떠난다. 아우구스티누스의 아버지는 아들이 법률가나 관리가 되기를 바랐다. 아우구스티누스는 카르타고의 인문학Liberal arts 수업에서 수사학을 비롯해서 천문학과 철학을 배웠다.

　당시 카르타고는 B.C. 2세기부터 로마제국의 북아프리카 중심지로 성장했으며 라틴 문명이 급속히 전파되고 있었다. 아우구스티누스는 라틴어로 쓰인 고전을 매우 좋아했다. 나중에 아우구스티누스가 동방교회와 다른 서방교회의 독특한 신학을 정립하게 된 데에는 그가 라틴어에 정통한 반면 그리스어는 잘 몰랐다는 사실도 큰 역할을 했다. 아마 그는 고대의 이름난 사상가 중에서 그리스어를 모르는 유일한 인물이었을 것이다. 동방교회의 교부들은 그리스어로 신학 작품을 썼으며 그만큼 그들의 사상에는 플라톤철학의 영향이 더 강하게 작용했다.

아우구스티누스는 법정에서 사용되는 학문인 수사학에서
두각을 나타내었다. 수사학은 정치인과 법률가를 만드는 학
문으로서 권력의 자리에 오를 수 있는 지름길이었다. 경연 대
회에서 우승을 하면서 그는 카르타고의 로마인 총독인 빈디
키우스와 친분을 갖게 되었다. 나중에 아우구스티누스가 로
마로 옮겨 가 수사학 교수가 되는 데에도 총독의 도움이 있
었다.

아우구스티누스가 카르타고로 유학을 떠난 해에 아버지가
사망한다. 라틴어 이름을 가진 아버지 파트리키우스는 죽기
전에 세례를 받았다. 372년 여름에 아우구스티누스는 동거한
여인과의 사이에서 아들을 얻는다. 아들의 이름을 아데오다
투스*Adeodatus*라고 짓는데, '신이 주셨다'는 뜻이다. 아우구스티
누스는 수사학 학교에서 수석을 차지했다.

372년부터 373년 사이에 아우구스티누스는 키케로의 작품
『호르텐시우스』를 읽고 큰 감명을 받는다. 키케로는 율리우스
카이사르와 같은 시대의 스토아철학자요, 정치가였는데, 스
토아주의는 감각 세계가 불러일으키는 감정을 멀리하며 영혼

의 평화를 추구한 철학이다. 『호르텐시우스』에서 얻은 감동으로 말미암아 아우구스티누스는 내면의 영원한 지혜에 대해 관심을 갖기 시작한다. 그의 마음이 출세보다는 진리를 추구하는 쪽으로 기울어진 시점이라고도 할 수 있다.

카르타고에서 아우구스티누스는 마니교 신자가 된다. 373년 가을에 아우구스티누스는 카르타고 유학을 마치고 동거인 및 아들과 함께 고향인 타가스테로 돌아갔다. 독실한 그리스도교 신자였던 어머니 모니카는 아들이 마니교도가 된 사실에 크게 실망했다. 더구나 아들이 정숙한 여인과 혼인하기도 전에 동거녀와 지내는 것에 대해서도 크게 좌절했다.

아우구스티누스는 고향에서 문법과 수사학 입문을 1년 정도 가르쳤다. 그동안 그는 친구들과 어머니에게까지 마니교를 전파했다. 그런데 친구의 갑작스러운 죽음으로 충격을 받고 슬픔을 이기지 못해 친구의 흔적이 없는 곳을 찾아 아우구스티누스는 다시 카르타고로 간다. 그는 이후 383년까지 카르타고에서 가르쳤다. 아우구스티누스는 이때에 첫 저서인 『아름다움과 알맞음』을 펴낸다.

아우구스티누스는 청년 시절에 마니교에 깊이 빠져 있었

다. 마니교는 메소포타미아에서 유래한 종교로서 선한 신이 끊임없이 악한 힘의 공격을 받는다고 믿었다. 그리고 우주의 존재 자체가 악의 공격으로 탄생한 것으로 설명했다. 그들은 선과 악으로 나뉜, 신적인 두 힘의 대결로 생성되는 빛과 어둠의 혼재와 투쟁 속에 인간이 처해 있다고 보았다. 그럼에도 불구하고 인간 영혼의 선한 부분은 끝까지 보존되기 때문에 엄격한 금욕주의를 통해 인간은 빛의 자녀가 될 수 있다고 믿었다.

인간의 고통이나 자연현상을 선악의 투쟁으로 설명한 마니교는 일부 지식인들과 대중들에게 인기를 끌며 전파되었다. 특히 교육을 받지 못한 상인들에게 널리 전파되었다. 그리스도교 교회 안에도 마니교도들이 있었는데, 비밀결사 같은 집회를 통해 그들은 스스로를 교회의 개혁자로 생각했다.

마니교도들은 자신들이 구원받은 자로서 진리에 속한 순결한 자임을 강조하였다. 그들은 인간이 신과 같은 본성을 지녔다고 봄으로써 스스로 신격화되는 길을 구원의 길로 제시했다. 그 점에서 마니교는 그리스도교와 달랐다. 그리스도교에서는 초월적 신의 은총으로만 구원을 받을 수 있다고 믿으며,

또한 구원받은 자라도 여전히 죄인임을 인정했기 때문이다.

넘치는 육욕을 다스리고 싶었던 청년 아우구스티누스에게 마니교의 이원론적 금욕주의는 도덕적인 구원의 종교로 보였을 수 있다. 그러나 고통과 악의 원인을 인간에게서 찾지 않고 초월적인 악한 실체에서 찾을 때에 인간은 삶의 책임적 주체가 되지 못한다. 나중에 마니교를 빠져나온 아우구스티누스가 마니교를 비판하는 내용의 핵심도 거기에 있었다.

29세가 된 383년에 아우구스티누스는 카르타고에 온 마니교 감독 파우스투스를 만난다. 아우구스티누스의 질문에 대해 파우스투스는 만족스러운 답변을 제공하지 못했다. 악을 인간 밖의 실체로 보는 극단적 이원론인 마니교는, 이미 철학적 관심을 가지고 인간 내면을 탐구하기 시작한 아우구스티누스를 만족시킬 수 없었다. 그리고 점성술과 관련해서 어느 정도 천문학적 지식을 가지고 있던 아우구스티누스에게 천체의 운동과 자연현상에 대한 마니교의 신화적 설명은 차츰 설득력을 잃어 가고 있었다.

한편 좀 더 나은 학생들을 가르치고 싶은 마음과 중앙 무대에 진출하고 싶은 욕망으로 아우구스티누스는 383년에 카르타고를 떠나 지중해를 건너 제국의 중심인 로마로 향한다. 그것은 성인이 된 아들이 어머니의 곁을 떠나 자유로워진다는 의미도 있었다. 어머니 모니카는 자기 몰래 떠난 아들 뒤에서 한없이 울었다.

아우구스티누스는 로마에서 마니교도의 집에 머물렀고 그들의 도움을 받았다. 그러나 천체의 운동을 수학적으로 정확하게 계산한 천문학의 도움으로 그는 자연현상을 선악의 싸움으로 설명하는 마니교의 신화적 우주관을 벗어나게 된다. 또한 확실한 진리를 거부하고 개연성만을 인정한 아카데미학파의 회의주의 인식론도 그가 마니교를 벗어나는 데 영향을 미쳤다. 인간을 구원할 수 있는 진리는 마니교와 같은 단순한 설명으로 얻어 낼 수 있는 것이 아님을 아우구스티누스는 깨달았다.

384년 가을에 아우구스티누스는 밀라노에 수사학 교수로 가게 된다. 당시에 밀라노는 로마제국의 임시 수도 역할을 하고 있었다. 북방 민족의 침입을 막기 위해 황제가 밀라노에 거주하고 있었기 때문이다. 원로원 의원이면서 로마 시장이었던 심마쿠스는 황제를 가르칠 수사학 교수를 찾아보라는 요청을 받고 적임자를 물색한 끝에 아우구스티누스를 선발했다.

밀라노에 간 아우구스티누스는 384년 11월에 황제 발렌티아누스 2세를 위해 연설하여 군중의 환호를 받았으나 마음의 안정을 찾지 못했다. 오히려 그는 자족하며 사는 거지를 보고 부러워한다.

아우구스티누스와 가까이 지내다가 나중에 함께 회심하고 그리스도인이 된 친구들 역시 관리이거나 법조계 인사들이었다. 그들 중 알리피우스는 아우구스티누스처럼 북아프리카 출신으로서 아우구스티누스보다 먼저 출세의 야망을 안고 제국의 중심 로마로 떠난 사람이다. 그는 회심한 후에 아우구스티누스와 함께 수도원 생활을 하고 아우구스티누스의 고향 타가스테의 주교로 교회를 섬기게 된다.

밀라노에서 아우구스티누스는 암브로시우스 주교를 찾아간다. 암브로시우스는 원래 북이탈리아를 통치하는 총독이었다. 373년에 그는 밀라노 교회에서 있었던 감독 선거를 보호하기 위해 교회에 들어갔다가 갑자기 군중들에 의해 주교로 선출된 신비의 인물이다. 그가 주교로 있었을 당시에 로마 귀족들은 로마의 전통적 신들을 되살리려고 황제에게 탄원하곤

했는데, 그런 노력을 수포로 돌린 암브로시우스는 말하자면 교회의 수호자였다.

밀라노 교회에는 암브로시우스를 보좌하는 사제 심플리키아누스가 있었는데, 그는 갑자기 감독으로 당선된 암브로시우스를 돕도록 로마에서 파송된 사제였다. 신앙의 경건함과 학식을 갖춘 암브로시우스의 권위 있는 설교와 심플리키아누스의 플라톤철학은 아우구스티누스가 그리스도인으로 거듭나는 데에 결정적 역할을 한다.

아우구스티누스는 이때에 적어도 플라톤의 『티마이오스』, 플로티누스의 『엔네아데스』, 그리고 포르피리오스의 『영혼의 귀환』 등을 읽었던 것 같다. 아우구스티누스는 이 책들의 라틴어 번역본을 읽었는데, 사제 심플리키아누스는 번역자인 빅토리누스의 회심 이야기를 아우구스티누스에게 들려주었다. 빅토리누스는 로마의 수사학자로서 동상이 세워질 정도로 로마 시민의 존경을 받았는데 심플리키아누스를 통해 그리스도교로 전향한 사람이다.

이 당시에 특히 플로티누스 계열의 신플라톤주의 작품은 아우구스티누스의 회심에 지대한 영향을 미쳤다. 대개 학자들은 아우구스티누스의 회심이 두 차례 있었다고 본다. 바깥세상으로부터 내면으로 들어가 진리를 구하는 플라톤철학의 영향을 받은 회심이 먼저 있었는데, 이것을 형이상학적 회심이라고 부르기도 한다. 그다음에 철학을 넘어 신앙의 세계로 들어가 세례를 받는 그리스도교적 회심이 일어났다. 이때에 사도 바울의 글들이 중요한 역할을 했다. 아우구스티누스는 황실에서 근무하는 친구 폰티키아누스로부터 사막의 수도사 안토니우스에 관한 이야기를 듣고 마음을 결정한다.

386년 8월에 아우구스티누스는 무화과나무 밑에서 "들고 읽어라, 들고 읽어라"라는 아이의 소리를 듣고 집 안으로 들어가 성서를 폈다. "방탕과 술 취하지 말며 음란과 호색하지 말며 쟁투와 시기하지 말고 오직 주 예수 그리스도로 옷 입고 정욕을 위하여 육신의 일을 도모하지 말라"(로마서 13:13-14). 마음의 어둠이 사라지고 분명하게 된 진리 앞에서 아우구스티누스는 그리스도교 신앙으로 회심했다.

회심한 후에 아우구스티누스는 친구들과 함께 밀라노에서 가까운 휴양지 카시키아쿰(현재 이탈리아의 카사고 브리안자Cassago Brianza)으로 가서 몇 개월간 성서를 묵상하고 진리에 대해 대화하는 시간을 가졌다. 밀라노에 와 있던 어머니 모니카와 형 그리고 아들 아데오다투스도 함께 있었다. 이때에 쓴 작품이 『아카데미학파 반박』(386-387), 『행복한 삶』(386), 『질서론』(386) 및 『독백』(386-387)인데, 모두 대화 형식을 띤 책들이다.

『아카데미학파 반박』은 회의주의를 반박하는 내용이다. 이 책 이후에도 진리에 관한 확실한 앎은 아우구스티누스 사상의 기초를 이룬다. 『질서론』은 플라톤철학을 그리스도교적으로 변형하여 사물의 질서를 다룬다. 참된 평화의 기초가 되는 질서는, 육체가 영혼에 복종하고 영혼은 하나님에게 복종하는 데서 찾을 수 있다는 내용이다. 『행복한 삶』은 키케로와 세네카의 행복론처럼 내면의 행복을 추구하는 내용이다. 『독백』은 자신과의 대화를 통해 내면으로 들어가 참된 자기인식에 도달하는 내용이다.

387년 3월에 밀라노로 돌아온 아우구스티누스는 40일간 세례 예비자 교육을 받는데, 이때에 『음악론』을 집필한다. 그는 마침내 4월 24일에서 25일 부활절로 넘어가는 밤에 암브로시우스에게서 세례를 받는다. 1986년에 카시키아쿰에는 그의 회심 1500년을 기념하는 동상이 세워졌다. 아우구스티누스와 모니카의 모습이 새겨진 동상이다.

어머니 모니카는 아우구스티누스를 위해 평생 기도했는데, 아들이 로마로 떠난 지 얼마 후에 찾아가 마침내 밀라노에서 생활하며 암브로시우스의 설교를 듣고 깊이 의지했다. 그녀는 아들로 하여금 아프리카에서부터 동거하여 자식까지 낳은 여인과 결별하게 만들고 로마의 귀족이며 그리스도교 집안의 어린 소녀와 약혼을 주선했다. 물론 그 약혼은 가정을 이루는 결실을 보지 못하게 된다. 약혼 후 얼마 지나지 않아 세례받고 그리스도인이 되면서 아우구스티누스는 독신으로 수도원 생활을 하게 되기 때문이다.

세례를 받은 직후 그는 북아프리카의 고향으로 돌아가기 위해 어머니와 로마 근처의 오스티아 항구에 도착했다. 그러나 밀라노에 있던 황제가 피살당하는 정변이 일어나 지중해를 통과하는 여행길이 막히자, 오스티아에 머물며 뱃길이 열리기를 기다리던 중 387년 가을에 어머니 모니카가 사망한다. 이후 땅에 묻혔던 모니카 묘의 비석이 1945년에 우연히 발견되었다.

2
사제와 주교로서의 삶과 작품

북아프리카를 떠난 지 5년 만인 388년 말에 고향 타가스테로 돌아온 아우구스티누스는 친구들과 수도원 생활에 들어간다. 아우구스티누스는 회심한 후에 이탈리아의 여러 수도원을 돌아보았고 그들의 헌신과 공동체 생활에 큰 감명을 받았다. 수도원을 방문했던 소감은 『가톨릭과 마니교의 생활 방식에 관하여』(387-389)에 기록되어 있다.

그리스도교 신앙은 그를 은둔자의 삶보다는 하나님 안에서 형제의 사랑으로 서로를 섬기는 공동체의 삶으로 인도했다. 수도원 생활은 그러한 이상을 실천하는 방식으로 적합했다. 그것도 사막의 수도원이 아니라 도시 속의 수도원이었다. 나중에 히포의 주교가 된 후 건립한 수도원에서도 그는 수많은 방문자들을 맞았고, 그들과 교제하고 대화하며 토론하는 일을 지속했다. 그가 생각한 공동체 생활은 수도원 안에 제한되지 않았고, 세상과의 교통을 포함했다.

아프리카로 돌아온 직후에『영혼의 크기에 관하여』(388)의 집필을 마친다. 아들 아데오다투스와 함께 쓴 책이다. 우주의 탄생과 관련하여 마니교를 반박하는 책인『마니교도 반박 창세기 해설』(388-389)도 이때에 저술된다. 이 시기에 집필을 시작한 두 권의 책은 서양 윤리 사상의 기초를 이룬다. 하나는『자유의지론』(388-395)이고 다른 하나는『가톨릭교회의 도덕』(388-390)이다. 두 작품 모두 마니교를 반박하는 글이다.

『자유의지론』의 1부는 자유의지를 강조함으로써 인간을 책임적 주체로 세운다. 악이란 신이나 사탄 같은 초월적 힘의 주도하에 일어나는 것이 아니라 인간의 자유로운 의지에 의해 생겨나는 것임을 밝힌다. **자유의지**liberum arbitrium라는 용어는 이후 서양철학과 윤리학의 핵심 용어가 된다. 2부와 3부는 1부의 저술을 마친 지 몇 년이 지난 후에 쓰여진다. 여기에서는 자유의지보다 신의 은총이 강조된다. 이러한 변화는 강조점의 차이로 인한 것이며, 역설적으로 설명할 수밖에 없는 그리스도교 신앙의 심오함을 잘 보여 준다.

아리스토텔레스가『니코마코스 윤리학』에서 자발성이나 합리적 선택 같은 개념을 사용하긴 하지만, 자유의지라는 말을 전면에 내세워 책을 쓴 것은 아우구스티누스가 최초이다. 그만큼 자유의지는 그리스도교 윤리의 핵심 용어이면서 이후 서구 윤리학의 핵심 개념으로 자리 잡는다.

그리고 『가톨릭교회의 도덕』은 진리에 접근하는 덕목으로 금욕을 내세우는 마니교의 금욕주의를 반대한다. 중요한 것은 금욕하는 행위가 아니라 속마음을 어디에 두고 있는가에 있다. 그것은 사랑의 대상과 방향의 문제이다. 율법주의나 형식주의에 빠지지 않고 끊임없이 내면을 성찰하며 자신의 부족함을 느끼고 신의 은총을 구하는 것이 그리스도교의 도덕이다.

흔히 아우구스티누스는 육체의 욕망을 억제하는 전통을 서양 문화에 남겼다는 비판을 받는다. 실제로 그는 인간의 원죄를 설명할 때에 쾌락을 좇는 성욕을 지적하기도 했다. 그러나 아우구스티누스는 아이를 생산하게 해 주는 성욕 자체를 나쁘게 보지 않았다. 그는 육체를 선하고 좋은 것으로 보았으며, 육체적 욕망에 대해 그가 가진 경계심은 마니교와 영지주의 같은 극단적 이원론에 비하면 훨씬 가벼웠다. 뿐만 아니라 영과 육을 대비시키는 문제를 두고 보더라도 아우구스티누스 신학은 플라톤철학의 영향을 강하게 받은 동방교회의 동시대 신학자인 니사의 그레고리우스보다도 이원론적 경향이 약했다.

389년에 아들을 잃었다. 같은 해에 그의 친구 네브리디우스도 사망했다. 아들과의 대화 형태로 되어 있는『교사론』(389)에서 아우구스티누스는 인간 내면에서 진리의 빛을 비추는 그리스도가 참된 교사라고 본다. 진리인식은 누가 가르쳐 주는 것이 아니라 개인의 내면에서 진리의 주도로 이루어진다. 내면에서 신의 빛이 영혼을 비출 때에 진리인식에 도달한다는 조명설이 이 책에 등장한다.

또한 이 시기에 종교철학의 분위기를 풍기는 작품으로서 아우구스티누스의 초기 사상을 잘 보여 주는『참된 종교』(389-391)가 출간된다. 이 작품도 마니교 비판과 관련이 있다.『참된 종교』는 이후에 전개되는 아우구스티누스 신학의 기본 틀이 암시되어 있는 작품으로서 매우 중요하게 평가받는다. 존재를 선으로 보고, 악이 실체가 아님을 강조하며, 진리인식에는 이성과 권위가 협력한다는 점, 그리고 내면의 원리를 통해 그리스도교를 미신에서 벗어나게 하려는 시도가『참된 종교』의

주된 내용을 이룬다.

아우구스티누스가 초창기에 마니교를 비판하는 작품을 주로 쓴 이유는 교회와 마니교의 충돌이 가장 두드러진 곳이 북아프리카였다는 데 있었다. 아우구스티누스로서는 마니교 비판을 통해 그리스도교 신앙의 정체성을 확립할 필요가 컸다.

이런 작품들로 말미암아 아우구스티누스는 회심 후 얼마 지나지 않아 그리스도교 세계의 중요한 신학자로 부상했다. 타가스테의 관상 수도원 생활이 3년밖에 지속되지 못한 까닭도 거기에 있었다. 그는 391년에 교구 회중들의 요구에 의해 히포Hippo의 사제로 임명되었다. 이 당시에 사제와 주교는 신도들에 의해 선택되었다. 주교 발레리우스는 사제 아우구스티누스를 사실상 후계자로 삼고 자기 곁에 두었다.

교회의 사제로서 아우구스티누스는 392년에 옛 동료이자 마니교의 지도자인 포르투나투스와 공개 토론을 통해서 마니교의 영향력을 약화시켰다. 393년에는 히포에서 열린 가톨릭 총회에서 교회의 교리를 설명하는 글인 『신앙과 신조에 대해서』를 주교들 앞에서 발표했다. 성서를 많이 인용한 이 작품을 통해 아우구스티누스는 이제 그리스도교 신앙을 체계적이면서도 쉽고 명확하게 전달할 수 있는 '교회 박사'의 면모를 갖추게 된다.

발레리우스 주교의 죽음으로 아우구스티누스는 395년에 북아프리카의 대도시 히포의 주교가 된다. 그의 의지와 무관하게, 이른 시기에 사제가 되고 주교직에 오르는 데에는 학자로서의 명망이 중요한 역할을 했다. 아우구스티누스는 죽을 때까지 34년간 히포의 주교직을 수행했다. 히포에서 사제와 주교로 있으면서 그는 그리스도교 신앙의 정체성을 결정짓는 중요한 논쟁들을 치른다. 마니교와 도나투스파 그리고 펠라기우스파가 논쟁의 상대들이었다.

히포는 북아프리카에서 카르타고 다음으로 크고 중요한 도시였다. 아우구스티누스가 히포로 가면서 타가스테 수도원은 친구인 알리피우스가 지키게 되었다. 그러나 이런 변화 속에서도 아우구스티누스는 수도원 생활을 포기하지 않았다. 그는 이미 391년 즈음에 평신도들을 위한 수도원을 히포에 설립했는데, 주교가 된 뒤에 아우구스티누스는 주교관에 성직자 수도원을 따로 만들었다. 이 수도원에는 로마의 고위 관리를 지낸 사람들도 많이 지원했으며, 카르타고의 대주교의 지원을 받은 히포의 수도원은 아우구스티누스의 영향을 받은 중요한 교회 지도자들을 배출하는 신학교가 되었다.

당시 북아프리카 교회의 주교들은 결혼한 자가 많았고 로마제국의 권세와 부를 공유하는 경향을 보였다. 그러나 주교 아우구스티누스는 세속권력과 거리를 두고 사람을 섬기는 청렴하고 소박한 겸손의 영성에 근거해서 교회의 권위를 만들어 나갔다. 그가 만든 성직자 수도원이 그 중심이 되었다. 제국권력의 중심지인 로마에서 멀리 떨어진 북아프리카의 작은 수도원에서, 장차 로마는 물론 서구 전체를 지도할 정신과 사상이 자라나고 있었던 것이다. 그것은 명예와 힘을 과시한 로마의 문화가 참회와 사랑을 강조하는 그리스도교 영성으로 대체되기 시작했음을 의미한다.

주교는 세속 생활을 영위하는 평신도들을 돌보는 목회자로서의 역할과 교회의 조직을 정비하고 교회 내의 분쟁을 처리하는 행정가의 역할 그리고 때로는 교리적 논쟁에 참여하는 학자로서의 역할을 수행해야 하는 직책이었다. 히포의 주교가 된 아우구스티누스가 성직자 수도원을 설립했다는 사실은 그의 목회와 행정이 수도와 학문에 기반을 두고 이루어졌음을 알려 준다.

아우구스티누스는 관상을 통한 영혼의 비움과 가난의 실천을 통해 세속으로부터의 자유를 추구한 수도자였지만, 동시에 그는 목회 활동을 통해 신도들이 겪는 세속 생활의 갈등과 고통을 마음과 몸으로 나누며 돌보는 일을 매우 중요하게 여겼다. 그는 수도원 생활이, 사람에게 봉사하라는 하나님의 부름을 피해 한가한 명상 생활로 전락하는 일이 되지 않도록 경계심을 촉구했다.

아우구스티누스는 설교로 말씀을 선포하는 일과 교인들 간의 분쟁을 해결하는 일을 통해 목회자로서의 역할을 감당했다. 영적인 상담과 조언도 목회자의 중요한 일이었다. 수많은 로마의 귀족들도 그에게 영적인 조언을 구했다. 이처럼 교인들을 돌보는 목회자의 일을 감당하면서 그는 그리스도교 신앙을 더욱 깊이 이해하게 되었고, 진정한 의미에서 교회 수호자의 모습을 갖추게 되었다.

민중들의 헌신과 소박한 신앙을 접하면서 아우구스티누스는 초창기 작품의 철학적인 사변의 분위기를 넘어 삶의 현장 속에서 사람을 살리고 자유롭게 만드는 그리스도교의 진리를 설파하는 데 관심을 갖게 된다. 말하자면 목회자의 길을 걸으면서 아우구스티누스는 진정한 신학자가 된 셈이다. 이후에 출판되는 그의 위대한 신학 작품들은 목회 경험을 바탕으로 이루어졌음을 부인할 수 없다.

일상생활에서 지켜야 할 그리스도인들의 행동 윤리에 대해 쓴 글들도 목회 생활의 열매라고 할 수 있다. 『거짓말에 대하여』(395), 『결혼의 유익함에 대하여』(401), 『거룩한 처녀성에 대하여』(401) 등은 목회자로서 교인들에게 구체적 삶의 지침을 주기 위해 쓴 글들이다. 그리고 결혼에 관한 글은 그리스도인의 결혼 생활에 대해 오늘날까지도 영향을 주는 책이다.

교회 행정가이자 목회자로서 아우구스티누스는 예배를 마친 후에는 교회 재판소에서 판결을 통해 교인들의 세속 생활에서 생긴 많은 분쟁을 해결했다. 국가와 함께 교회도 재판 관할권을 가졌던 중세사회의 모습이 이미 아우구스티누스 시절에 보인다. 재판의 공정함과 신중함에 있어서 그는 로마의 관리들보다 민중의 신임을 더 많이 받았다. 한편 아우구스티누스의 설교는 신도들에게 하나님의 사랑을 전하기 위한 중요한 수단이었다. 남아 있는 그의 설교집이 설교를 준비하는 그의 성실함과 열정을 잘 보여 준다.

주교직을 맡은 후 얼마 되지 않아 집필을 시작한『고백록』(397-401)은 단순한 자서전이 아니라 진리를 추구하는 구도자의 전기요, 또한 일종의 신앙 전기로서 어린 시절부터 밀라노에서 세례받고 그리스도인이 되기까지 아우구스티누스의 성장 과정에 대한 많은 정보를 담고 있다.『고백록』은 죄의 고백이면서 신앙 고백의 책이라고 할 수 있다. 신앙 고백이라는 측면에서 보면『고백록』은 죄의 권세에서 해방되고 영원한 진리를 추구하는 여정에 들어선 자가 진리와 하나님을 찬양하는 책이라고 할 수 있다.

학자들은『고백록』을 가리켜 참회의 형태로 집필된 최초의 문학이라고 평가한다. 하지만『고백록』은 단순히 신앙만을 고백한 책이 아니라 악의 문제, 자유의지, 죄의 힘, 신비 체험, 이성과 신앙의 문제, 무로부터의 창조, 신정론 등을 다룬 중요한 신학 책이기도 하다.

또한 하나님 앞에서 끊임없이 자기를 찾아가는 과정을 그린 점에서『고백록』은 인간의 자기이해와 관련해서 서양의 반성 철학과 코기토 전통을 풍성하게 만들었다. 책의 후반부는 인간의 기억과 시간의 본질 같은 철학적 주제를 실존적이고 신학적 관점에서 다룬다. 특히『고백록』11권은 이른바 현상학적 시간에 대한 사유의 기원을 이루는 문헌으로 유명하다.

한편『고백록』은 한 사람이 자기 자신과 떨어져 하나님 앞에서 깊은 내면을 노출시킨 책이다. 자기 속의 또 다른 자기의 모습, 곧 자기가 의식하지 못했던 자기의 모습을 노출시킨다는 점에서『고백록』은 현대의 분석심리학이나 심층심리학자들의 연구 대상이기도 하다.

언어철학적 주제를 다룬 작품인『그리스도교 교양』(396-426)은 '해석학에 관한 가장 영향력 있는 책'(G. Ebeling) 또는 '성서 해석학에 관한 위대한 책'(J. Lagunanère)으로 평가된다. 이 책은 성서 해석 방법론과 중세의 문화 형성에 큰 영향을 미쳤고, 서구의 현대 언어철학과 해석학에도 끊임없이 영감을 주고 있다. 1권에서는 향유*frui*와 사용*uti*의 개념을 가지고 사랑의 질서에 대해 말한다. 성서를 이해하는 데 필요한 마음가짐을 말하는 부분이다. 2권과 3권은 전문적으로 기호 해석의 문제를 다룬다. 언어철학과 해석학의 중심이 되는 부분이다. 4권에서는 해석된 성서의 의미를 전달하는 언어적 수단의 문제를 다룬다.

성서의 말씀을 이해한다는 것은 단순히 언어의 뜻을 아는 것이 아니라 말이 말하고자 하는 것을 알아듣는 것이다. 그러므로 성서를 문자적으로 받아들이는 것은 매우 위험하다. 성서의 말씀이 전하고자 하는 것을 알아듣기 위해서는 문화적 산물인 언어에 대한 이해가 필요하고 성서 기록의 배경이 되는 역사에 대한 이해도 필요하다.

그리고 성서 이해를 위해서는 무엇보다도 하나님에게로 마음을 돌이키는 일이 필요함을 아우구스티누스는 강조한다. 사랑을 증가시키는 방향으로 성서를 해석하는 것이 바른 해석이라는 그의 주장은 그리스도교가 비합리적인 미신의 종교가 아니라는 점을 확인시키면서 동시에 그리스도교 신앙이 서구사회에 제공한 보편적 가치와 정신을 가늠하게 한다.

『삼위일체론』(399-419)은 325년의 니케아공의회에서 선포된 신조를 옹호하기 위해 쓴 책이다. 아우구스티누스는 성령이 성부와 성자에게서 나온다는 니케아신조를 지지한다. 동방교회의 요구로 니케아신조를 수정한 381년의 콘스탄티노플신조에서는 성령을 성자가 아닌 성부의 영으로만 보게 된다. 그러나 서방의 가톨릭교회가 끝까지 니케아신조를 따라 성령을 성부와 성자의*filioque* 영이라고 고백하는 데에는 아우구스티누스의 권위가 큰 역할을 했다.

삼위일체 교리를 설명하는 책이기 때문에 『삼위일체론』은 아우구스티누스의 작품 중에서 가장 사변적이라고 할 수 있다. 그러나 그는 신앙의 신비를 이해하는 데에 이성의 한계가 있음을 인정한다. 그렇더라도 이해하기 위해 생각하는 이성의 노력은 지속되어야 한다. 아우구스티누스의 생각하는 신앙은 사변을 위한 사변이 아니며 결국 사랑의 실천으로 인도된다. 삼위일체라고 하는 어려운 문제를 풀어 가는 아우구스티누스 신학의 궁극적 지점은 사랑이다. 총 15권으로 구성된 『삼위일체론』은 8권부터 10권까지 사랑의 문제를 다룬다.

시간 속의 인간이 시간을 초월한 영원한 진리로 인도되는데에는 영원과 시간을 겸한 중재자가 필요하다. 그것이 『삼위일체론』에서 그리스도의 성육신을 설명하는 아우구스티누스의 논리이다. 인간은 시간 안에서 일어난 인간 예수의 행적과 말씀에 대한 믿음을 통해 진리의 여정을 시작한다. 그 후에는 하나님과 동일한 그리스도가 인간을 시간 너머의 영원한 진리로 인도한다. 예수 그리스도가 진짜 인간*vere homo*이면서 진짜 하나님*vere Deus*인 까닭도 시간 속의 인간을 영원한 진리로 인도하기 위함이다. 그 점에서 아우구스티누스의 신학은 인간 스스로 영원한 진리에 도달하려는 신플라톤주의의 가르침과 다르다.

한편 아우구스티누스는 학자이자 교회의 행정가로서 교회의 정체성과 관련된 논쟁에 깊이 개입했는데, 대표적인 것이 도나투스 논쟁과 펠라기우스 논쟁이다. 304년부터 305년까지 이어진 디오클레티아누스 황제의 그리스도교 박해가 끝난 후, 박해 시절에 배교했던 교회 지도자들에 의해 베풀어진 주교 서품의 성례를 무효라고 주장하는 집단이 북아프리카에 등장했다.

그들은 카르타고의 주교를 비롯한 북아프리카의 주교 수십 명을 주교로 인정하지 않았다. 그 무리 중의 대표자가 기존의 주교를 밀어내고 카르타고 주교로 들어선 도나투스였으며, 도나투스를 따르는 무리들이 주도한 이 논쟁을 가리켜 도나투스 논쟁이라고 부른다. 그들은 박해 속에서도 신앙을 지켜낸 자들로서 초기 교회의 순교자들을 잇는 신앙의 수호자들로 인정되며 상당한 지지를 받고, 한때는 북아프리카에서 기존의 가톨릭교회보다 큰 세력을 형성했다.

아우구스티누스는 배교한 자들이 베푼 성례라도 그 효력은 유지된다고 결론을 내렸다. 주교나 사제 서품 그리고 세례 및 성만찬 같은 성례는 사제가 행하긴 하지만 하나님이 한*ex opere operato* 것이기 때문이다. 세례와 성례의 효과는 교회의 객관적 제도에서 생겨나는 것이지, 사제의 주관적 태도가 효과를 내는 것이 아님을 아우구스티누스는 분명하게 밝혔다. 도나투스 논쟁을 거치면서 아우구스티누스는 『세례에 관하여』(401)를 비롯한 몇 가지 문서들을 발표했다.

교회에 대한 이해에도 차이가 있는데, 도나투스파는 교회를 흠 없는 자들이 모이는 순결한 성소로 인식했으나 아우구스티누스가 생각한 교회는 죄인이 신의 은총으로 받아들여지는 곳이었다. 도나투스파는 자신들이 정결한 의인이라고 주장하지만 아우구스티누스가 볼 때에는 그들도 죄인일 뿐이다. 죄인이 아니라면 왜 하나님의 은총이 필요하겠는가? 그리고 교회는 세상의 오염에서 분리된 피난처가 아니라 세상을 향한 그리고 세상을 위한 사랑의 공동체이다.

아우구스티누스는 제도적으로 구성된 **보이는 교회**와 하나님에게 받아들여진 그리스도인들의 영으로 구성된 **보이지 않는 교회**를 구분하기도 했다. 보이는 교회에는 참된 그리스도인과 거짓 그리스도인이 섞여 있으며, 종말에 가서야 밀과 가라지가 구분될 것이다. 그러므로 보이는 교회를 꼭 순결한 자들의 모임으로 규정할 필요가 없다. 이러한 아우구스티누스의 논리는 중세 성례전 신학과 교회론의 기초를 이룬다.

도나투스파는 처음에 교회 내의 분파의 성격을 가졌으나 나중에는 교리적 이단의 성격을 띠었다. 로마의 황제는 구원받을 수 없다고 주장한 그들은 북아프리카의 가난한 농민 계층과 연합함으로써 계급적이고 정치적인 투쟁의 성격을 지니게 되었다. 사실 북아프리카에서는 제국의 관리들이 시세보다 싸게 곡물을 구입해서 로마로 보내 농민들의 불만이 누적되었고, 대지주들이 현지 농민들을 착취하는 일이 많았다. 히포의 주교로 부임받은 후 아우구스티누스는 농부들에 대한 착취 행위를 비판하기도 했다.

그러나 도나투스파가 연대해서 그리스도교 신앙의 본질을 훼손하는 것에 대해 아우구스티누스는 단호하게 반대했다.

교회의 사제를 살해하는 등 폭력을 동원하는 도나투스파로부터 교회를 지키기 위해 아우구스티누스는 황제의 개입을 요청했다. 카르타고에서 가톨릭 사제 260명과 도나투스 사제 260명이 마주 앉은 가운데에 황제의 사신으로 파견된 총독이 아우구스티누스의 편을 들었다. 그리하여 황제의 힘으로 도나투스파의 재산이 몰수되었다.

결국 도나투스 논쟁은 종교 문제에 국가의 강제력이 개입한 최초의 사례가 되었다. 7-8세기에 이슬람의 사라센제국이 들어올 때까지 도나투스파의 잔존 세력은 북아프리카에 계속 남아 있었다. 한편 도나투스 논쟁을 종결지은 총독은 나중에 황제의 반역자로 몰려 죽는다. 아우구스티누스는 정치적 살인을 막으려고 애썼지만 실패하고 정치 세계의 권력투쟁에 대해 매우 실망한다.

한편 영국의 수도사인 펠라기우스 및 그의 추종자들과 벌인 논쟁은 아우구스티누스 생애 후반기의 가장 길고 중요한 논쟁이었다. 412년에 시작해서 아우구스티누스가 죽은 430년까지 논쟁은 지속되었다. 인간에게 선을 행할 수 있는 자유의지가 있다고 보는 펠라기우스에 반대하여 아우구스티누스는 현재의 인간에게는 죄를 짓지 않을 자유가 없다는 **원죄론**을 주장했다. 펠라기우스파와 달리 아우구스티누스는 인간본성의 전적인 부패를 주장했다. 그는 하나님의 은총이 없으면 인간은 죄의 힘을 이길 수 없다고 보았다. 아우구스티누스의 원죄론은 인간의 자유와 구원을 위한 하나님의 은총을 강조하기 위한 것이었다.

긴 논쟁을 거치면서 그 주제에 관한 글도 많이 나왔는데, 『성령과 문자』(412), 『본성과 은총』(414-415), 『그리스도의 은총과 원죄에 관하여』(418), 『은총과 자유의지』(426-427) 등이 포함된다. 물론 이런 글들 외에도 아우구스티누스의 원죄론과 은총론은 『고백록』이나 『신국론』을 비롯한 모든 책에서 중요하게 다루어지고 있다.

전체적으로 볼 때에 아우구스티누스의 신학 작품은 그리스도교 신앙의 정체성을 확립하고 교회를 지키기 위한 논쟁을 배경으로 삼고 있다. 그가 논쟁에서 능력을 발휘할 수 있었던 것은 성서에 대한 깊은 이해와 균형 잡힌 영적 생활과 뛰어난 수사학 실력 때문이었다. 아우구스티누스는 점성가들과 이교도들 그리고 아리안주의자들과 아폴리나리우스주의자들에 반대하는 여러 편의 글도 남겼다. 그러나 역시 위에서 언급한 마니교와 도나투스파 그리고 펠라기우스주의자들과의 논쟁이 가장 치열했다.

시기를 명확하게 나눌 수는 없지만 대략 387년부터 400년까지는 마니교와 싸웠고 393년에 시작된 도나투스파에 대한 공격은 412년에 종결되었으며, 412년부터 430년까지는 펠라기우스주의와 싸웠다. 도나투스 논쟁을 통해 교회의 정체성을 확립한 공을 기려서 그를 '교회의 박사Doctor ecclessiae'라고 부르고 펠라기우스주의자들과의 논쟁을 통해 그리스도교의 인간관을 정립한 그의 신학적 특징을 기려서 '은혜의 박사Doctor gratiae'라고 부른다.

서고트족의 알라리크가 로마를 포위한 일이 있은 후 아우구스티누스는 『신국론』(413-427)의 집필을 시작했다. 380년에 테오도시우스 1세가 그리스도교를 로마의 국교로 선포하면서 로마의 전통적 신들에 대한 제의가 금지되고 웅장한 로마의 건축물 판테온은 방치되었으며, 383년에는 원로원에 있던 승리의 제단이 철거되었다. 이런 일들은 아직 전통에 대한 자부심을 버리지 않고 있던 로마 시민과 귀족들의 분노를 샀다.

그런 와중에 410년에 알라리크가 영원한 도시 로마를 유린하는 사건이 벌어졌다.

전통 종교를 벗어나 그리스도교를 받아들였기 때문에 로마가 침공당했다는 로마 귀족들의 주장을 반박하고 그리스도교를 변호하기 위해 쓴 책이 『신국론』이다. 『신국론』이라는 책의 제목은 키케로의 책 『국가』를 염두에 둔 것인데, 키케로의 책이 플라톤의 『국가』를 염두에 두고 쓴 책임을 고려한다면, 서양의 고대 정치사상은 플라톤의 『국가』와 아리스토텔레스의 『정치학』으로부터 키케로의 『국가』를 거쳐 아우구스티누스의 『신국론』에 이르면서 탄탄한 철학적 기반을 구축하고 동시에 큰 변화를 겪는다. 『신국론』은 매우 새로운 정치철학의 등장을 의미한다.

아우구스티누스는 고대 인문주의자들과 달리 국가를 최고선의 공동체로 보지 않고, 현실 정치의 한계를 명확하게 지적한다. 한국 신학자로서 볼 때에 가장 눈에 띄는 것은 아우구스티누스가 국가와 정치를 죄의 산물로 보았다는 점이다. 이런 관점은 동아시아에서는 매우 낯설고 플라톤이나 아리스토텔레스의 고대 정치사상과도 큰 차이를 보인다. 국가는 인류를 보존하지만 구원할 수 없다고 보는 『신국론』의 명제는 서구 역사에서 정치공동체인 국가에 대한 다양한 평가를 낳으면서 현대에 이르기까지 서양 정치철학에 큰 영향력을 행사하고 있다.

한편 『고백록』이 개인의 전기라면 『신국론』은 인류의 전기로서 역사철학의 기원을 이룬다(H. Marrou). 『고백록』과 『신국론』은 그 내용을 떠나 문학 형식에 있어서도 독창적인 것으로서 서양 문학사에서 중요한 의미를 지닌다(J. Pelikan).

아우구스티누스는 죽기 3년 전에 그때까지 쓴 책 모두를 간단하게 논평하는 『재고록』을 남겼다. 그는 430년에 반달족이 히포를 포위한 가운데에 사망한다. 아우구스티누스가 죽은 후에 히포를 점령한 반달족은 도서관만은 파괴하지 않음으로써 아우구스티누스의 작품이 오늘날까지 전해지게 되었다. 그의 유골은 720년경에 이탈리아의 도시 파비아의 주교와 그의 사촌인 롬바르디아의 왕이 파비아로 옮겼다. 무슬림으로부터 보호하기 위한 조치였으며 현재 유리 관에 보관된 채 파비아의 성 베드로 성당에 안치되어 있다.

아우구스티누스의 3대 작품으로는 『고백록』과 함께 『삼위일체론』(399-419)과 『신국론』(413-427)이 꼽힌다. 이 작품들은 분량과 중요도 면에서 아우구스티누스의 대표작이라고 할 수 있다. 이 책들과 함께 『참된 종교』를 대표작에 꼽는 학자들도 있다. 물론 『그리스도교 교양』이나 『자유의지론』을 비롯한 다른 작품들의 중요성이 뒤떨어지는 것은 아니다.

위에서 소개한 단행본 외에도 아우구스티누스의 성서 주석과 설교에 더 관심을 기울여야 한다는 학자들이 많다. 사실 그리스도교의 교리나 신학 사상의 역사는 성서 해석의 역사라고 할 수 있는데, 아우구스티누스의 경우에도 마찬가지이다. 그의 사상을 지나치게 신플라톤주의와 연관해서 이해하는 것은 옳지 않다. 오히려 그는 성서 해석을 통해서 철학을 극복하며 신학자요, 목회자로서의 면모를 갖추었기 때문이다.

그는 구약성서의 창세기를 해석한 책을 몇 권 썼으며 시편에 대한 방대한 주석서를 남겼다. 욥기를 비롯한 구약성서의 책들을 해석한 여러 편의 글도 남겼다. 그리고 신약성서의 요한복음을 해석한 책을 썼으며, 복음서와 산상수훈 그리고 로마서와 갈라디아서와 요한서신을 주석한 책들도 남겼다.

또한 아우구스티누스는 수많은 설교를 남겼다. 아우구스티누스의 성서 해석은 한편으로는 이단이나 분파를 반박하기 위해 신학 사상을 정립하고자 하는 목적을 지녔지만, 목회자로서 설교를 통해 대중에게 그리스도교 진리를 전달하기 위한 준비로 이루어지기도 했다. 전자는 그리스도교 진리를 잘못된 세계관으로부터 방어하고 보호하여 그리스도교의 정체성을 확립하는 일이고, 후자는 진리가 대중과 교통하도록 돕는 일이다. 아우구스티누스에게서 설교의 중요성은 아무리 강조해도 지나치지 않는다. 성서 해석을 통해 정립된 그의 사상은 설교에 녹아들어가 일상생활의 진리가 될 수 있었다.

아우구스티누스의 편지도 그때그때 상황에 필요한 그의 생각을 전달하는 역할을 해냈다. 그의 편지에는 신앙의 내용과 훈련에 대해 묻는 로마 귀족들에 대한 답변뿐 아니라 교회 안팎에서 벌어진 사건들을 신앙적으로 해결하려는 아우구스티누스의 논리적 견해를 확인할 수 있다.

아우구스티누스의 작품은 한 사람이 평생을 읽어도 다 읽을 수 없다는 말이 있을 정도로 많다. 지금까지 113권의 책과 218통의 편지 그리고 500편이 넘는 설교가 보존되어 있다.

3

인식론

인식론은 인간의 앎이 어떻게 이루어지는가를 다루는 학문 분야이다. 아우구스티누스의 인식론은 회의주의의 극복에서 시작된다. 플라톤의 후예인 아카데미학파는 고대 말기에 회의주의에 빠졌다. 그들은 인간의 모든 인식에는 개연성만 있을 뿐 확실한 앎이란 불가능하다고 주장하며 진리의 존재를 믿지 않았다. 그러나 아우구스티누스는 진리와 진실이 존재하고 인간의 이성은 그 진리를 알 수 있다고 보았다. 회심한 직후에 회의주의를 극복하기 위해 아우구스티누스가 쓴 책이 『아카데미학파 반박』이다.

이 책 이후에도 여러 작품에서 아우구스티누스는 확실한 앎의 문제를 다루었다. 거기에는 인간의 자기인식의 문제가 포함된다. 가장 즉각적이고 확실한 앎은 나의 존재에 대한 앎이다. 개인을 진리인식과 실천의 주체로 세우는 서구의 개인주의 전통은 아우구스티누스의 '생각하는 나'에서 시작된다고 할 수 있다.

그리고 아우구스티누스는 감각을 통한 경험 인식을 확실한 앎으로 보았다. 말하자면 관찰을 통해 얻은 인간의 지식을 참된 것으로 인정한 셈이다. 또한 그는 영원한 진리인 하나님에 대한 인식이 가능하다고 보았다. 물론 신 인식에는 계시의 권위를 받아들이는 믿음이 필요하다. 궁극적으로 아우구스티누스는 신앙으로 회의주의를 극복하는 셈이다.

진리인식을 위해 아우구스티누스는 이성과 권위를 모두 중시한다. 영원한 진리를 인식하는 것은 이성이지만, 인간이성이 진리는 아니다. 이성은 영원한 진리인 하나님으로부터 빛을 받아 진리와 진실을 인식한다. 진리의 빛을 받기 위해 필요한 것은 신앙이요, 신앙은 이성의 추론을 통해 생기지 않으며, 교회를 통해 전해진 진리의 권위를 받아들임으로써 이루어진다.

먼저 아카데미학파의 회의주의를 반박하는 아우구스티누스의 논리와 경험적 지식의 문제를 살펴보자. 그리고 신 인식의 문제를 다루도록 하겠다. 인간의 자기인식의 문제는 4장에서 해석학과 함께 다루도록 하겠다.

1
회의주의의 극복과 지식의 확실성

아카데미학파는 진리나 진실에 대한 확실한 앎은 불가능하고 오직 개연성만 있다고 주장했다. 그들에 따르면 진리인식은 오류가 없는 자명한 직관을 가리키는데, 인간이 파악하는 현실은 모두 경험적이기 때문에 자명한 직관이란 없다. 직관이 없기 때문에 확실한 진리인식도 불가능하다. 물론 회의주의자들도 철학자로서 지혜를 추구하는데, 그들이 말하는 지혜로운 자란 진리를 아는 자가 아니다. 지혜로운 자는 개연성에 의지해서 점차 진리를 알아가는 중에 있는 자일뿐이다.

만일 아카데미학파의 주장처럼 보편적 진리에 관한 인식이 불가능하다면, 인간의 욕망을 통제하고 질서를 잡아야 하는 가치 기준의 정립이 불가능해질 것이다. 회의주의를 극복해야 하는 이유는 사람이 자기 자신과 인류의 보존 및 번영을 위해 어떤 보편적 가치를 공유해야 한다는 실천적 측면에서 찾을 수 있다.

아우구스티누스는 아카데미학파가 말하는 개연성에는 이미 진리나 진실에 대한 앎이 포함되어 있다고 주장한다. 그는 개연성을 내세우는 아카데미학파의 주장에 들어 있는 논리적 모순을 다음과 같이 설명한다. "우리는 진리를 모른다. 다만 진리와 비슷한 것을 알고 있을 뿐이다. 그러나 진리나 진실을 모르면서 어떻게 지금 알고 있는 것이 진리나 진실과 비슷하다고 말할 수 있는가? 그것은 마치 '나는 그 아이의 아버지가 어떻게 생겼는지 모른다. 그러나 그 아이는 아버지를 닮았다'고 말하는 것과 같다"라고 아우구스티누스는 주장한다. 이것이 『아카데미학파 반박』에서 그가 회의주의를 비판하는 중요한 논리 가운데 하나이다.

감각의 경험을 거치지 않은 내면의 직관을 통한 앎이 있고, 그것이 진리와 진실에 대한 확실한 앎을 이룬다. 아우구스티누스는, 사람의 영혼 속에는 바깥의 물리적 현상을 판단할 수 있는 규칙이 들어 있다고 보았다. 여기서 규칙이란 도덕규범이 아니라 인식의 틀과 형식을 가리킨다. 감각을 거치지 않고 내부의 인식규범이 만드는 앎은 확실한데, 논리학과 수학의 앎이 그런 확실한 앎에 속한다.

아우구스티누스는 이처럼 형식논리에 의한 앎의 확실성을 주장한 후에 이어서 감각을 재료로 형성되는 앎, 곧 **지식**scientia 의 확실성을 주장한다.

회의주의자들은 외부 사물을 감각을 통해 파악하는 지식, 곧 경험 인식의 불확실성을 주장한다. 외부의 사물은 끊임없이 변하는 것이기 때문이다. 아우구스티누스 역시 감각은 불안정하며 믿을 수 없다고 본다. 외부 사물에 반응하는 사람의 느낌이란 일정하지 않으며 분위기와 기분에 따라 달라진다. 그래서 감각적 느낌은 주관적이며 믿을 수 없다. 그러나 감각을 통해 얻어지는 앎, 곧 지식은 안정적이고 믿을 수 있다는 것이 아우구스티누스의 주장이다.

지식의 탄생에는 내면의 **영원한 규범**이 관여하기 때문이다. 아우구스티누스의 경험 인식론에 따르면 지식은 외부 사물이나 사태에 대한 감각에 인간 내면의 영원한 규범이 작용해서 탄생한다.

지식, 곧 인간의 일상적 경험 인식은 사물의 운동과 변화에 대한 경험과 관찰에서 생긴다. 그런데 아우구스티누스는 관찰의 대상인 외부 사물과 관찰의 주체인 인간 내면에 일정한 규범과 규칙이 들어 있다고 본다.

먼저, 아우구스티누스는 외부 사물의 운동과 변화 속에 '비밀스러운 수'가 들어 있다고 본다. 사물 현상의 '비밀스러운 수'란 질서와 조화를 이루는 일정한 운동법칙을 가리킨다. 씨앗에서 생명이 탄생하는 일과 생명체의 신진대사와 외부적 활동이 모두 일정한 물리법칙에 따라 이루어진다. 일정한 법칙에 따른 우주 사물의 운동과 생명체의 활동에서 아우구스티누스는 리듬과 운율을 보았고, 질서와 조화를 보았다. 그리고 그러한 질서와 조화에서 아름다움을 보았다.

그런데 질서와 조화를 이루는 우주의 운동법칙을 부여하는 것이 초월자 하나님이다. 하나님은 사물의 생성 변화를 일정한 규칙에 따라 운행한다. 그래서 아우구스티누스는 하나님을 가리켜 '영원한 이성*ratio aeterna*'이라고 부른다.

한편, 인간 내부의 이성도 영원한 규범에 의해 지식을 만들어 낸다. 지식은, 외부 사물의 운동을 감각기관을 통해 받아들인 인간이 내면의 영원한 규범을 적용하여 사물의 운동법칙을 알아낸 것이다.

감각기관과 이성이 동원되어 산출되는 지식의 생산 과정을 다음과 같이 설명할 수 있다. 외부의 사물은 인간의 감각기관을 통해 일차적으로 감각 또는 느낌이라는 인식 형태를 형성한다. 이것을 가리켜 아우구스티누스는 육적인 봄*visio corporalis*이라고 한다. 그러나 이때 감각된 것은 사물 자체가 아니라 사물의 모상*phantasia*이다. 보고 듣는 감각기관의 활동만으로는 느낌은 있지만 아직 사물을 인식했다고 할 수는 없다. 모상이 지식으로 산출되려면 분산된 감각을 통일하는 이성의 작용이 필요하다. 감각을 통일시키는 이성의 작용을 영적인 봄*visio spiritualis*이라고 한다. 영적인 봄을 통해 이성은 내부의 규칙과 규범을 적용하게 되는데, 이때에 감각과 느낌은 지식, 곧 경험 인식으로 변한다. 결국 지식은 인간 내부에 주어진 규칙을 적용하여 알아낸 외부 사물의 운동과 변화의 법칙을 가리킨다.

이때 아우구스티누스가 인간 내면에 주어져 있다고 본 '영원한 기준과 규칙'은 아리스토텔레스가 범주라고 부르고 칸트가 순수 오성 개념이라고 부른 것과 유사하다. 그것은 인간의 이성에 주어진 선험적 인식의 틀이지 인간의 경험에서 생기는 것이 아니다. 이성이 지식을 산출하는 과정에 관한 아우구스티누스의 설명은 칸트가 『순수이성비판』에서 분석한 경험 인식의 구조와 매우 유사하다.

그러나 칸트와 달리 아우구스티누스는 **조명설**illumination theory을 주장한다. 경험적 지식의 산출에 적용되는 기준과 규범은 하나님에게서 오는 것이다. 다시 말해서 지식을 산출하는 내면의 영원한 인식 틀은 신의 빛에 의한 것이다. 지식의 재료인 경험과 감각은 변한다. 그러나 경험을 재료로 삼아 생겨나는 앎, 곧 지식은 이성이 변하지 않는 하나님의 빛을 받아 생산되기 때문에 확실하고 참되다.

아우구스티누스에게 인간의 이성은 인간이 소유한 능력이 아니라 하나님의 능력을 받을 수 있는 장치라고 볼 수 있다. 조명설을 통해 아우구스티누스는 인간의 바른 인식과 실천이 하나님의 지속적인 은총에 의한 것임을 주장하고자 했다.

어떻든 회의주의자들의 주장과 달리 관찰에서 생겨난 경험 인식, 곧 지식도 확실하고 참되다. 그런데 지식이 참된 것은 참(진리)인 하나님의 빛을 받아 만들어진 것이기 때문이다. "참된 것verum은 모두 참veritas에서 생겨난 것이다"(『독백』, I,27). 감각 자체는 개인의 감각기관의 작용에 의해 생겨나지만, 그것을 재료로 삼아 만들어지는 객관적 지식은 신의 빛이 인간의 이성을 비추어 발생한다. 그러므로 외부 사물에 관한 지식도 이성의 영적인 활동의 결과이다.

아우구스티누스는 인간의 앎을 '지식*scientia*'과 '지혜*sapientia*'로 구분한다. 전자는 감각기관을 통해 외부 사물을 파악하는 앎이다. '감각적 앎*notitia sensibilis*'이라고도 부른다. 후자는 영원한 진리에 대한 인식이다. '예지적 앎*notitia intelligibilis*'이라고도 부른다. 지식이나 지혜는 모두 이성의 작용인데, 지식을 산출하는 이성을 가리켜 아우구스티누스는 '낮은 이성*ratio inferior*'이라고 부르고, 지혜를 산출하는 이성을 '높은 이성*ratio superior*'이라고 부른다. 낮은 이성은 눈을 비롯한 감각기관을 통해 물질이나 육체와 접촉하고 높은 이성은 '마음의 눈'으로 영적인 진리에 접촉한다.

지식을 산출하는 이성은 지혜를 산출하는 이성에 비해 수준이 낮다. 그러나 낮은 이성의 활동도 신의 도움을 받는 영적인 활동이다. 감각적인 앎과 경험이 쌓여 알게 된 지식은 시간 속의 물질에 관한 앎이지만 물질로부터 생겨나는 것은 아니다. 아우구스티누스에 따르면 인간의 지식에는 물질적인 것과 영적인 것이 혼합되어 있다.

그 점에서 아우구스티누스의 인식론은 지식 생산에서 인간의 역할을 완전히 수동적으로 보는 경험주의 인식론과 다르다. 다시 말해서 지식은 우리 내면에 들어와 박힌 외부 사물의 표상이 쌓여서 생기는 것이 아니다. 오히려 아우구스티누스의 조명설은 경험론과 관념론을 종합한 칸트와 비슷해 보인다. 칸트는 『순수이성비판』에서 인간의 경험 인식이 "경험과 함께 생기지만 경험에서 생기는 것은 아니다"라고 했다. 다만 아우구스티누스는 매 순간 하나님의 빛이 인간이성을 비추어 지식 생산이 이루어진다고 보았다. 그 점에서 근대 철학자 칸트의 인식론과 다르다.

인류의 문명은 지식의 전달과 축적으로 발전한다. 경험적 인식의 확실성을 인정함으로써 아우구스티누스는, 인류의 문명이 신의 도움으로 확고한 토대를 지닌 것임을 인정한 셈이다. 이 점에서도 아우구스티누스는 마니교나 영지주의 같은 이원론과 달리 세상과 삶을 기본적으로 긍정하는 세계관을 보여 준다.

또한 신의 조명으로 경험 인식이 이루어진다는 조명설은

비非그리스도인에게도 폭넓게 신의 은총이 주어지고 있음을 인정한 셈이다. 지식 생산과 축적은 그리스도인이 아니더라도 감각기관과 이성을 지닌 모든 인간에게 주어진 능력이기 때문이다.

2
영원한 진리인식, 지혜의 문제

아우구스티누스의 인식론적 관심은 낮은 이성으로 이루어지는 경험적 지식보다는 높은 이성을 통해 접촉하는 지혜에 초점이 맞추어져 있다. 인간은 영원한 진리인 신을 알고 신의 지혜에 참여할 수 있다.

플라톤을 비롯한 고대 철학자들은 인간이 이성을 통해 영원한 '하나'의 진리를 알 수 있다고 보았다. 진리인식이란 우리말로는 깨달음을 가리킨다. '하나'는 다양한 상황을 주재하는 보편적 진리를 가리킨다. 우주를 섭리하는 형이상학적 '하나'

의 도道에 도달하기 위한 방법이 관상 또는 관조contemplation이
다. 하나의 보편적 진리에 붙들려 있을 때에 인간은 여러 상
황에 부딪혀 그때마다 올바르고 적절한 판단과 행위를 할 수
있다. 그런 능력을 가리켜 **지혜**라고 불렀다.

　고대의 동서양 인문주의자들에게 지혜는 특별히 통치자의
덕목으로 간주되었다. 깨달은 자는 세상의 운행원리인 진리
의 섭리에 순종하며 사심 없이 세상을 평화롭게 만들 수 있
다. 플라톤이 말하는 철인정치도 깨달은 자의 정치를 말한다.
그는 계급에 따라 평민과 군인과 통치자에게 해당하는 덕목
으로 각각 절제와 용기와 지혜를 꼽았다. 아리스토텔레스는
여기에 정의를 더하여 네 가지 덕목을 말했다. 동아시아의 맹
자도 인의예지仁義禮智의 네 가지 덕목으로 인간본성을 말했는
데, 지혜는 인간사를 해결하는 최고의 능력으로서 특별히 통
치자에게 요구되는 덕목이었다.

　그러나 아우구스티누스에게 지혜란 계급적 덕목이 아니라
믿음으로 하나님과 교통하는 자에게 주어지는 은총의 선물이
었다. 아우구스티누스의 조명설은 경험 인식인 지식의 산출
에도 관여하지만 지혜, 곧 영원한 진리를 아는 데 핵심적 역할

을 한다.

진리를 밖에서 찾지 않고 자기 안에서 찾는 인간을 아우구스티누스는 내적 인간homo interior이라고 부른다. 관조를 통해 진리를 인식하는 순간을 가리켜 그는 "내면의 진리의 빛이 내적 인간을 채워 명료하고 즐겁게 만든다"(『교사론』, XII,40)라고 표현한다. 감각적 사물을 통해서도 기쁨을 얻을 수 있고, 그것 또한 인간과 조화를 이루며 즐거움을 준다. 그러나 인간은 진리인 하나님과 최고의 조화summa convenientia를 이루는 존재이다. 그러므로 하나님의 영원한 진리, 곧 지혜에 이를 때에 인간은 가장 즐겁다.

지혜는 모든 것을 명료하게 만들어 준다. 그것은 지식과 달리 외부의 사물을 소재로 얻어지는 것이 아니며, 인식의 주체와 인식 대상이 모두 내면에 있다. 우리말에서 '지혜롭다'라는 말은 상황을 잘 살펴 효율적으로 일을 처리하는 능력을 가리키는 경우가 많다. 그러나 고대 인문주의나 아우구스티누스가 말하는 지혜는 인생의 영원한 진리에 대한 깨달음을 가리킨다.

인간의 지식은 외부의 사물을 관찰해 온 전 세대의 지식의 축적과 외부 교사의 가르침을 통해 이루어진다. 물론 아우구스티누스에 따르면 지식 역시 외부적 가르침만으로 이루어지지 않으며 내면의 진리의 빛이 중요한 역할을 한다. 그 점에 대해서는 앞에서 말했다. 그럼에도 불구하고 지식은 교육을 통해 이루어진다.

그러나 지혜는 기본적으로 누구에게서 배워 얻는 것이 아니다. 아우구스티누스는 지혜에 관해서 이렇게 말한다. "아무것도 배우지 않는다*nusquam igitur discere*"(『교사론』, XII,40). 영원한 진리의 통찰은 누구에게서 새로이 배우는 것이 아니라 이미 내 안에 있던 진리를 발견하는 것일 뿐이다. "진리는 발견되기 전에는 자기 안에 머물러 있다가 발견된 다음에는 우리를 새롭게 한다*Ergo antequam inveniantur, in se manent, et cum inveniuntur, nos innovant*"(『참된 종교』, XXXIX,72).

그렇지만 영원한 진리를 깨우치는 데에도 스승은 여전히 필요하지 않은가? 사실 그런 가르침을 베풀기 위해 플라톤은 교육기관을 세웠고, 종교인들도 법통을 세워서 깨우침을 다음 세대에 전한다. 사람은 스승의 안내를 받아 가며 마음공부를 통해 영원한 진리를 배우고 알아 간다.

그런데 아우구스티누스는, 진짜 스승은 인간의 내면에 있다고 말한다. 내면의 영원한 진리가 각자의 스승이다. 내면에서 빛나는 영원한 진리가 각자의 영혼을 비추어 영원한 진리를 알게 한다. 진리인식의 주체와 대상이 모두 영원한 진리 그 자체이다.

> "우리가 알고자 할 때에 우리 영혼을 '주도하여' 앎으로 이끄는 것은 바깥의 말이 아니라 내면의 진리이다. 먼저 말을 탐구하지만 그 말은 우리 영혼이 내면의 진리에 '주의를 기울이도록' 하는 역할을 한다." (『교사론』, XI,38)

인간의 진리인식에는 세 주체가 참여한다고 할 수 있다. 각자의 '영혼'과 '바깥의 말'과 '내면의 진리'이다. 바깥의 말은 인간을 일깨우고 안내하는 인간의 언어를 가리킨다. 그것은 스승의 가르침일 수도 있는데, 가장 중요한 인간의 언어는 성서와 교회의 설교이다. 인간은 언어를 통해 내면의 진리에 주목하게 된다. 그러므로 인간의 언어는 진리인식에 중요한 역할을 한다. 그 점에서 아우구스티누스의 인식론은 신플라톤주의와 큰 차이를 보인다. 언어의 문제에 대해서는 4장에서 해석학을 다루며 다시 살펴보도록 하겠다.

진리인식에 참여하는 세 주체 중에서 나의 진리인식을 주도하는 것은 진리 자체이다. 바깥의 말이 나를 가르쳐 진리로 인도하는 것이 아니다. 나의 지성이 스승의 도움을 받아 진리를 인식한다고 할 수도 없다. 진리인식에 도달하게 하는 자는 진리 자체이다. 그러므로 내 안의 진리 자체, 곧 하나님과 그리스도야말로 나의 참된 스승이다.

"변함이 없는 진리 외에 누가 우리의 스승이 될 수 있겠습니까?"
(『고백록』, XI,8,10)

그래서 아우구스티누스는 진리인식을 가리켜 '아무것도 배우지 않는다'고 말한 것이다.

다시 말하지만, 아무에게도 배우지 않는다고 해서 인간 각자가 진리인식을 주도한다는 말은 아니다. 내 안에 있는 진리는, 나의 소유가 아니고 내 안의 하나님 또는 영원한 말씀인 그리스도를 가리킨다. 진리인식의 실제적인 주체는 내가 아니라 진리인 하나님이다. 진리인식의 대상인 진리가 진리인식의 주체인 나의 진리인식을 주도한다. 그래서 진리는 인식의 대상이면서 인식의 실제적인 주체이다. 진리가 자신을 드러내야 비로소 나는 진리를 알 수 있다.

진리인식의 주도권을 진리인 하나님에게 내주는 태도가 필요하다. 믿음이란 바로 그런 태도를 가리킨다. 사실 아우구스티누스에게 진리인식은 신 인식을 가리킨다. 철학에서 말하는 진리인식과 달리 신 인식에서는 믿음이 중요해진다. 지혜도 믿음을 통해 신의 은총으로 얻어지는 것이다. "믿지 않으면 알 수 없다*Nisi credideritis, non intellegetis*" "모든 것을 하나님에 대한 찬미와 사랑으로 전환시키지 못하면 박학한 사람이라도 지혜롭지는 못하다"(『삼위일체론』, II,38,57).

플라톤에게 믿음은 앎보다 열등하다. 알지 못해서 믿는 것이기 때문이다. 그러나 아우구스티누스에게서 믿음은 앎의 조건이다. 영원한 사랑인 신을 인식하려면 먼저 예수 그리스도에게서 나타난 신의 사랑과 은총을 믿고 받아들이는 믿음이 필요하다.

진리인식에 신의 은총과 믿음이 필요한 까닭은 이성의 부패 때문이다. 이성의 부패가 인식과 실천의 무능력을 가져왔다. 아우구스티누스에 따르면 인간의 이성은 죄로 인한 타락으로 말미암아 삶의 진리를 알고 행하는 능력을 상실했다. 그러므로 믿음을 통한 신의 개입이 없으면 진리를 알 수 없으며 신의 지혜에 참여할 수 없다.

아우구스티누스가 인간의 죄를 가리켜 종종 인용하는 성경 구절이 있는데, 그것은 "육체의 정욕과 안목의 정욕과 이생의 자랑"(요한 1서 2:15-16)이다. '육체의 정욕'은 육체와 물질의 쾌락을 원하는 본능이 과도해진 것이다. 이것은 자연의 과잉을 가리킨다. '안목의 정욕'을 아우구스티누스는 호기심으로 본다. 이것은 지식에 대한 욕구의 과잉 또는 문화의 과잉이라고 할 수 있다. '이생의 자랑'을 가리켜서 아우구스티누스는 야심이라고 했다. 이것은 이웃의 소유를 부러워하고 시기하여 결국 남을 이기려는 권력욕 또는 지배욕을 가리킨다.

이러한 죄를 안고도 하나님을 알고 지혜를 얻는 길은 그리스도의 십자가에서 나타난 하나님의 사랑을 믿는 것이다. 마음의 성화聖化를 통해 죄를 없애려는 노력으로는 욕망의 노예에서 벗어날 수 없다. 오히려 죄의 무게를 인정하고 그리스도의 은총에 의지하는 회심에 의해서만 죄의 노예 상태에서 구출될 수 있다. 그리스도에게서 나타난 하나님의 사랑은 이성으로 이해할 수 없지만, "이해할 수 없으므로 믿어야 한다."

아우구스티누스에게서 신앙은 의지의 전환이요, 일종의 결단이지만, 어떤 권위에 의지해서 신의 은총을 받아들이는 결단이다. 권위란 진리의 권위인데, 진리의 권위는 종종 신의 계시를 담은 성서의 권위 그리고 성서 해석의 전통을 가진 교회의 권위를 가리킨다. 이성이 성서와 교회의 권위에 의지해서 의지의 전환을 이루고 믿음을 가지게 되는데, 그러므로 의지의 전환도 인간의 자유의지에 의한 것이라기보다는 신의 은총과 도움에 의한 것이다. "우리가 이해하기 바라는 하나님의 도움을 위해 기도하자"(『삼위일체론』, IX,1,1).

믿음이 앎의 전제가 된다는 점에서 아우구스티누스의 진리인식론은 고대의 인문주의 철학과 나른 신학 고유의 영역을 확보한다. "알기 위해서 믿는다credo ut intelligam." 믿으면 알게 된다. "우리는 믿는 바를 알고 이해하기 원한다nos id quod credimus nosse et intelligere cupimus"(『자유의지론』, II,1,6). 믿음을 통해 영원한 진리, 곧 하나님을 알게 되는 상태를 가리켜 아우구스티누스는 '하나님을 봄*visio dei*'이라고 한다.

믿음 없이 이성만으로는 신을 알 수 없다는 점에서 아우구스티누스의 인식론은 고대 철학의 진리인식론과 다르고, 믿음을 통해 치유된 이성은 진리인 하나님을 알 수 있다고 본 점에서 불가지론을 말하는 근대의 인식론과도 다르다.

물론 아우구스티누스는 인간의 신 인식에 한계가 있음을 말했다. 그는 하나님을 완전히 알았다고 말하는 것은 매우 위험한 일임을 지적한다. 아직 다 알지 못하기 때문에 믿는 것이며, 믿음은 진리를 탐구하여 하나님에 대해 조금씩 더 알아 가도록 인도한다. "아는 것에 모르는 것이 섞여 있다는 것을 우리는 안다"(『삼위일체론』, X,2,4). 그래서 믿음에서 생기는 앎은 더 심오한 앎을 위한 시작이다.

"그러므로 우리는 알려고 탐구하며, 탐구하려고 아는 것이다. 우리는 믿어야 할 것을 의심하지 말며, 알아야 할 것을 알았다고 할 때에는 신중하게 말해야 한다. 믿음을 위해 권위를 따르며 앎을 위해 탐구하자." (『삼위일체론』, IX,1,1)

말씀의 권위, 곧 성서와 교회의 권위를 따라 그리스도를 믿고, 그 믿음에 기반을 두고 진리를 탐구한다. 탐구의 결과로 진리, 곧 하나님에 대해 알게 된다. 그러나 그 앎은 아직 온전한 것이 아니므로 다시 탐구에 나선다. 믿음에 기반을 둔 계속적인 탐구로 인간은 진리에 대한 깨달음을 더해 간다. 그러나 더 이상 탐구하지 않아도 될 만큼의 완전한 진리인식은 인간에게 주어지지 않는다. 그러므로 진리를 알았다고 말하는 일에 조심해야 한다. 정말 진리를 완전히 알았다면 더 이상 믿음이 필요 없을 텐데, 그런 경지는 이 땅에서는 찾아볼 수 없다.

> "우리의 믿음은 진리를 분명히 아는 경지와는 거리가 멀다. 그래서 지금 우리는 우리를 위해 시간 안에서 행해진 일들을 믿으며, 이 믿음의 실천을 통해 정화되어 마침내 보는 경지에 이르고자 한다. … 우리의 믿음이 진리로 변할 때에, 우리의 죽을 운명에 영원이 고착될 것이다." (『삼위일체론』, Ⅳ,18,24)

'우리를 위해 시간 안에서 행해진 일'이란 구약성서에 나오는 여러 가지 은총의 사건들 그리고 예수 그리스도의 행적과 십자가 사건을 가리킨다. 시간을 초월한 하나님이 시간 속에서 일으킨 사건에 대한 증언의 말씀을 받아들이는 믿음을 통해 인간은 조금씩 전진하며 언젠가는 진리를 보는 경지에 이를 것이다.

> "지성은 영원한 봄 안에 있다. 신앙은 현세 사물의 요람 속에서 마치 젖으로 아이를 키우듯이 우리를 키운다. 우리는 지금 보지 못하고 믿음으로 산다. 믿음으로 걸어가지 않으면 봄에 도달하지 못한다. 우리가 진리와 결합한 뒤에는 봄은 지성을 통해서 영속한다." (『그리스도교 교양』, Ⅱ,12,17)

말씀의 권위에 의지한 믿음으로 마음을 정화하면 인간의 지성은 진리를 보게 된다. 여기서 지성이란 현대적 의미의 지성이 아니라 영원한 진리를 아는 높은 이성을 가리킨다. 플로티누스가 사용했던 그리스어 누우스*nōus*를 가리키며 라틴어로 멘스*mens* 또는 인텔렉투스*intellectus*로 표기된다. 일본인들이 철학 용어로 예지叡智라고 번역했는데, 감각을 초월한 영원한 진리에 접하는 인간의 이성 능력을 표기하는 말이다.

지금은 믿지만 마침내 보게 될 것이다. 믿음은 진리인식의 출발점이요, 봄은 진리인식의 완성을 가리킨다. 믿음은 알기 위한 중간 과정이다. 그러므로 "믿음은 그 자체로 우월하지 않고 시간상 앞설 뿐이다*non naturae exellentia, sed ipsius temporis ordine prior est*"(『참된 종교』, XXIV,45).

그러나 진리를 보는 것은 시간 이후의 영원의 차원에서 일어나는 일이다. 물론 아우구스티누스는 이 땅에서 경건한 기도를 통해 영원한 진리인 하나님을 보는 신비 체험을 배제하지 않는다. 그는 영원한 현재인 하나님과 교통하는 순간을 고백한 적이 있다. 그러나 그러한 신비 체험은 순간에 그친다. 이 땅에서 흘러가는 세월을 사는 인간은 진리를 보지 못하고 믿음으로 부분적 앎에 이를 뿐이다. 영원한 진리를 믿지 않고 보는 것은 장차 올 영원한 하나님의 나라에서 일어날 일이다(『고백록』, IX,10,25).

그 문제와 관련해서 아우구스티누스는 하나님의 본질은 알 수 없다고 말한다(『삼위일체론』, III,11). 하나님의 "숨어 있는 영원성"(『삼위일체론』, II,5,10) 때문이다. 아우구스티누스가 하나님의 본질을 알 수 없다고 주장하는 것은 하나님의 절대 초월성을 확보하기 위한 것이다.

그리스도교는 인간과 대면하고 교통한 예수 그리스도를 하나님과 동일시함으로써 초월자 하나님의 절대성을 약화시킬 가능성을 안고 있다. 삼위일체 교리의 신비 속에는 인간의 자유를 향한 위대한 여정과 무신론의 가능성이 함께 들어 있다. 톰 홀랜드 같은 학자들이 주장하듯 현대의 무신론과 세속주의는 오직 그리스도교의 산물이다. 그리스도교는 인간의 자율성을 증대시키면서 동시에 상대주의적 무신의 시대를 가져올 수 있다.

삼위일체의 그리스도론에서는 세상과 시간을 긍정하고 감각적 지식에도 하나님의 빛이 개입함을 인정하여 인간의 언어와 문화유산을 헛되게 보지 않도록 함으로써 인간을 신의 동역자로 삼아 인간의 존엄성을 확보한다. 그 결과 하나님의 절대성이 약화되고 무신론이 도래할 가능성도 열리게 되었던 것이다. 그리스도론이 강화된 종교개혁 이후 이성의 시대가 시작되고 세속화가 진행된 것도 그리스도교 신앙 안에 들어 있던 자율적 인간의 가능성이 현실화된 것이다.

그러므로 인간을 상대하는 하나님의 은총에 대한 신앙이 상대주의적 회의주의로 가지 않도록 해야 하는 문제를 그리스도교는 초기부터 안고 있었다. 신 인식의 가능성을 주장하면서도 하나님의 본질을 알 수 없다고 한 아우구스티누스의 주장도 인간의 주체성과 절대 초월자에 대한 경외심을 동시에 가져야 하는 인류 문명의 미래를 염두에 둔 가르침이라고 할 수 있다.

아우구스티누스가 말한 신 인식의 한계는 중세의 아퀴나스와 종교개혁자들을 거쳐 현대신학에로 이어진다. 아퀴나스는 인간이 신의 본질*quidditas*을 알 수 없다고 말했고 루터는 감추어진 하나님*deus absconditus*을 말했다. 그리고 20세기의 신학자들도 인간과 하나님 사이의 거리를 강조했다.

인간이성의 낙관론에 기반을 둔 무신론과 자유주의 신학이 전개된 19세기가 끝나고 20세기에 들어 인류는 세계대전이라는 전례 없는 대재앙을 겪었다. 그때 칼 바르트 같은 신학자들은 이른바 위기의 신학을 펼쳤는데, 그들이 강조한 것은 종교개혁자들이 말한 감추어진 하나님, 곧 하나님의 절대 타자성absolute alterity이었다. 이것은 하나님의 본질을 알 수 없다고 말한 아우구스티누스의 오랜 전통에서 유래된 것이다.

3
이성과 신앙, 철학과 신학

앞에서도 보았듯이 아우구스티누스의 회심에는 플라톤철학이 일정한 역할을 했다. 아우구스티누스가 플라톤철학에서 받은 가장 큰 영향은 내면의 원리이다. 앞에서 아우구스티누스의 조명설을 언급했는데, 사실 내적 조명이라는 말도 신플라톤주의의 용어이다. 진리를 밖에서 찾지 않고 내면의 성찰을 통해 자기 안에서 찾는다는 점에서 철학은 인간을 성숙하게 만들고 미신에서 벗어나게 만들었다.

동아시아의 유학에서 마음을 강조한 것도 마찬가지이다. 이른바 심성론의 발전은 진리를 내면에서 찾는다는 점에서 동서양 인문주의자들의 공통점을 드러낸다. 진리를 내면에서 찾는다는 것은 세상사의 핵심을 명확히 파악하면서 평화를 이룩하는 길을 바깥의 신이나 다른 사람에게서 구하지 않고 자기 안에서 찾는다는 뜻이다. 그것은 도덕적 자기반성과 끊임없는 수양을 통해서 이루어진다. 그러므로 인문주의는 미신적 종교에서 벗어나 합리주의 시대를 열었고, 어느 정도 개인을 책임적 주체로 만드는 역할을 했다.

아우구스티누스는 그 점에서 인문주의 철학을 높게 평가한다. 그는 "하나님의 나라는 너희 안에 있다"(누가복음 17:21)라는 성서 구절을 철학자들의 **내면의 원리**와 일치하는 것으로 해석하기도 했다. 다만 인문주의 철학과 달리 아우구스티누스에게서 내면의 진리는 도덕적 계명이 아니라 말씀인 그리스도 또는 사랑의 하나님을 가리킨다. 그 점에서 인문주의와 그리스도교 신앙은 갈래가 크게 달라진다.

아우구스티누스가 플라톤철학 특히 신플라톤주의에서 받은 영향을 잘 보여 주는 본문을 보자.

"밖으로 나가지 말라. 그대 자신 속으로 들어가라. 인간 내면에 진리께서 거하신다. 그리고 그대의 본성이 가변적임을 발견하거든 그대 자신도 초월하라. … 이성의 빛이 밝혀져 있는 그곳을 향해 나아가라. 그대는 그 진리 자체가 아님을 고백하라. …
그대가 진리를 찾아가는 것이다. 그리하여 내적 인간이 자기 안
에 계시는 분과 합치하되 낮은 육적 쾌감이 아닌 고귀한 영적
기쁨으로 합치한다."(『참된 종교』, XXXIX,72)

내면에서 이성을 비추는 진리의 빛. 영적 기쁨으로 진리와
하나 됨. 이런 말들은 신플라톤주의의 영향을 잘 보여 준다.

"나는 이 책(플라톤주의 책)을 통해 자신으로 들어가라는 권고를
받고 당신의 인도하심을 따라 내 영혼 안으로 들어가게 되었습
니다. 내가 이렇게 할 수 있었던 것도 당신이 나를 도와주셨기
때문입니다. 내가 내 영혼 안으로 들어가자 미약한 내 영혼의
눈으로나마 거기서 내 영혼의 눈 위에 그리고 내 정신 위에 있
는 변하지 않는 빛을 보았습니다. … 진리를 아는 자는 그 빛을
알게 되고 그 빛을 아는 자는 영원을 알게 됩니다. 오, 사랑이 그
것을 압니다."(『고백록』, VII,10,16)

위의 본문도 신플라톤주의의 영향을 잘 보여 준다. 그러나

『고백록』을 쓸 무렵에 아우구스티누스는 진리인식의 문제를 신앙의 열매로 이해하고 있었다. 마지막 문장이 그 점을 보여준다. '사랑이 그것을 안다*caritas novit eam*!'

이 사랑은 그리스철학에서 말하는 진리에 대한 인간의 사랑, 곧 에로스가 아니라 인간에 대한 하나님의 사랑 때문에 인간에게 생겨난 하나님에 대한 사랑이다. 다시 말해서 그리스도의 아가페의 빛을 받아 생겨난 사랑이다. 그래서 아우구스티누스는 '카리타스'라는 말을 사용했다.

사랑을 가리키는 말로 아우구스티누스가 특별히 사용한 말 카리타스*caritas*는 "하나님 때문에 하나님과 자기 자신과 이웃을 그 자체로 목적으로 사랑하고 즐거워하는 영혼의 운동*moto animi ad fruendem deo propter ipsum et se atque proximo propter deum*"(『그리스도교 교양』, III,10,16)을 가리킨다.

그리스적인 에로스와 그리스도교적인 아가페의 차이에 의해 철학과 신학은 큰 차이를 보인다. 에로스적 사랑의 대상인 진리는 이념적 선 또는 선의 이념이다. 그러나 그리스도교의 진리는 사람을 사랑하는 인격적 하나님이다. 에로스는 인간이 이념을 추구하는 사랑이고, 아가페는 하나님이 죄인인 인간을 사랑하는 사랑이다. 인간에 대한 하나님의 사랑 때문에 인간은 하나님을 사랑하게 된다. 그 사랑으로 영원한 진리인 하나님을 안다.

에로스와 아가페의 차이는 내면의 깊이의 차이를 만든다. 그리스도인이 하나님을 만나는 내면은 인문주의자들이 말하는 내면보다 더 깊은 내면이다. 밖으로부터 눈을 돌려 철학적 진리의 자리인 내면으로 들어간 후에 다시 한번 더 안으로 들어가야 한다. 그곳이 하늘이요, 신학적 진리의 자리이고 신이 계신 곳이요, 말씀인 그리스도의 자리이다.

> "당신은 나의 내면보다 더 깊은 내면에 계시고 나의 가장 높은 곳보다 더 높은 곳에 계십니다*tu autem eras interior intimo meo et superior summo meo.*" (『고백록』, Ⅲ,6,11)

내 위의 위, 그리고 내 안의 안. 아우구스티누스는 이 두 가지 언어를 사용해서 초월적 신의 자리를 표현했다. 신의 초월성은 가장 높은 분으로서 하늘에 있다고 할 수도 있지만, 인문주의자들의 도덕적 내면보다 더 안쪽에 있는 분이라고 말할 수도 있다. 아우구스티누스가 하나님의 자리를 '나의 안의 안 *interior intimo meo*'에서 찾은 것은 인문주의의 내면의 원리를 수용함과 동시에 인문주의를 넘어선 것이다. 그는 자기반성을 일으키는 인간의 이성의 역할을 중시하면서도, 이성의 한계 너머에서 인간을 구원할 수 있는 진리를 찾는다.

물론 아우구스티누스는 오래된 자연종교를 윤리로 바꾼 플라톤철학을 매우 중요시했다. 실제로 그는 회심 후 초기 저서에서 지혜를 추구한다는 점에서 철학과 종교는 다르지 않다고까지 말했다. 그는 플라톤철학이 말 몇 마디만 바꾸면 그리스도교가 된다고 말하기도 했다(『참된 종교』, IV,7). 또한 아우구스티누스는 신플라톤주의의 가르침에 하나님의 말씀이 여러 가지 모양으로 적혀 있다고 보며, 신플라톤주의의 가르침을 하나님의 섭리라고 말하기도 했다.

그리고 아우구스티누스는 지혜를 추구하는 철학에 진실한 부분이 있고 신앙에 합치하는 부분도 있음을 인정했다. 인문주의자들의 철학은 "진리에 봉사하는 데 유익한 학문이며 매우 유익한 도덕원리를 갖추고 있고 하나님을 섬기는 몇 가지 원리도 지니고 있다"(『그리스도교 교양』, I,40,60). 이것은 그리스도교의 신앙이 진지한 인문주의 전통을 외면하지 않고 오히려 매우 중시하고 있음을 보여 준다.

그리하여 그리스도교 신학은 인문주의와 단절되지 않고 '지성의 희생sacrificium intellectum'을 강요하지 않는 전통을 갖게 되었다. 이렇게 보면 그리스도교 신앙은 인문주의 철학과 어떤 연속성 속에 있는 것으로 보인다.

사실 아우구스티누스는 당시의 미신적 종교를 벗어나는 데 그리스철학이 매우 큰 역할을 한다고 생각했다. 그는 소크라테스가 인간을 미신으로부터 해방시키려고 했다고 말하기도 했다. 소크라테스로부터 플라톤을 거쳐 플로티누스에 이르는 전통은 내면의 원리를 제공했다.

아우구스티누스는 회심 이후 몇 년 동안 신플라톤주의적인 내면의 자기완성에 대한 희망을 가지고 있었다. 다시 말해서 영혼의 정화를 완전하게 이루어 영원한 진리와 하나가 되는 일을 이생에서 완성할 수 있다고 믿었다. 말하자면 그는 그리스도교 플라톤주의자로 남아 있었다. 그러나 시간이 지나면서 그는 성서의 진리에 눈을 뜨게 된다.

"이생의 삶에서 육체와 육체적 욕망의 안개를 안전히 벗겨 버리고 일반적인 삶의 방식에서 완전히 벗어날 수 있다고 믿는 사람, 그래서 변치 않는 진리의 밝은 빛으로 확고하게 영혼의 안정성을 지닐 수 있다고 생각하는 사람은 자신이 추구하는 것이 무엇인지 모르고 또한 자신이 누구인지 모르는 사람이다." (『복음서들의 조화에 관하여』, IV,10,20)

"자신이 누구인지 모르는 사람이다." 아우구스티누스는 철학적 지성만으로 인간이 참된 자유와 행복에 이를 수 있다고 보지 않았다. 그는 플라톤철학을 가리켜 '바라보아야 할 목표는 알지만 어떻게 거기에 도달할지는 모른다'고 평가했다. 아우구스티누스는 철학과 신앙의 차이를 교만과 고백의 차이로 말한다.

"내가 성서로 정화되고 내 상처가 당신의 손으로 고침을 받은 후 나는 교만과 고백의 차이를 알게 되었습니다. 그들은 어디로 가야 할지는 알되 그 길을 모르는 자들이요, 성서는 축복의 본향을 보여 줄 뿐만 아니라 거기에서 살도록 인도하는 길이었습

니다."(『고백록』, VII,20,26)

플라톤철학이 어디로 가야할지 목표를 잘 알고 있다는 말은 플라톤철학의 문제의식 또는 목표가 아우구스티누스 신학에서 여전히 중요하다는 것을 암시하고 있다. 인문주의적인 문제의식이 없이는 그리스도교 신앙이 인간 내면의 덕을 향상시키지 못하고, 초윤리적인 신의 은총에 대한 믿음이 물신物神을 섬기는 미신으로 인도할 수도 있음을 아우구스티누스는 알고 있었다.

그러나 인문주의는 인간의 뿌리 깊은 죄를 인식하지 못하고 신의 은총을 구하지 않는다. 그들은 '자신이 누구인지 모른다.' 결국 철학과 신학의 차이는 '나는 누구인가', 곧 인간의 자기이해의 차이라고 할 수 있다. 그러한 차이가 인간의 자기정당화와 교만과 이웃숭배와 자기숭배로 이어진다.

"내가 발견한 것은 플라톤주의자들의 책에서 읽은 모든 진리가 이 성서에서는 당신의 은혜에 대한 찬양과 함께 있다는 것이었습니다. 그러므로 누구든지 세상을 볼 때 보이는 사물이나 볼 수 있는 자기의 시력을 마치 당신으로부터 받지 않은 것처럼 생각하여 자신을 자랑하지 말아야 할 것입니다. 사람이 가지고 있는 것 중에 당신으로부터 받지 않은 것이 무엇이 있겠습니까?"

(『고백록』, VII,21,27)

아우구스티누스는 철학이 우상이 될 수 있다고 생각했다. 인문주의가 도덕주의나 과장된 인간 주체로 갈 때에 아우구스티누스 신학은 단호하게 철학과 대립한다. 플라톤철학은 인류라는 종의 죄의 깊이를 모르고 따라서 그리스도의 대속의 은총을 구하지 않는다.

전체적으로 볼 때에 아우구스티누스에게 이성과 신앙의 관계 또는 철학과 신학의 관계는 불연속적 연속성 또는 연속적 불연속성상에 있다고 할 수 있다.

믿어야 진리를 알 수 있다고 말하는 그리스도교 신앙은 이해되는 것만 받아들이는 이성과 불연속적 관계이다. 더구나 진리를 완전히 알고 실천하는 것이 인간에게는 불가능하다고 생각한다는 점에서 신학은 철학과 단절된다.

신앙의 인간은 자신이 죄인임을 알며 진리인식과 실천의 주도권을 진리 자체에게 맡기고 사랑인 신의 은총을 구한다. 신학적 인간은 지혜를 소유하려고 하지 않으며 오로지 신의 지혜에 참여할 뿐이다. 그러나 철학은 이성의 능력으로 진리를 알고 지혜를 소유하려고 한다. 그 점에서 신학은 철학과 불연속성을 이룬다.

신앙은 반이성적이거나 비합리적인 것이 아니라 이성을 치유하고 온전하게 한다. 아우구스티누스는 신앙에 의해 '교정된 이성*ratio emandatus*' 또는 '치유된 이성*ratio sanetur*'이라는 용어를 사용하는데, 그가 이성의 역할을 여전히 중요하게 생각했음을 알 수 있다. 신앙으로 치유되어야 하지만, 결국 신은 인간의 이성을 통해서 일한다. 치유된 이성은 자연이성으로부터 단절을 겪은 후 변화되어 진리의 도구로서의 역할을 감당한다.

그 점은 진리를 아는 이론이성뿐 아니라 실천이성과 관련해서도 마찬가지이다. 신의 사랑을 믿는 신앙은 반드시 타자에 대한 사랑으로 이어진다는 점에서 그리스도교 신앙은 비합리적이거나 비이성적인 것과는 거리가 멀다.

신앙으로 말미암은 사랑은 합리적 정의나 도덕을 배제하지 않으며 오히려 초합리적 사랑으로 합리적 정의를 완성하고 초윤리로 윤리를 완성하는 힘을 가진다. 초윤리라는 점에서 이성과 단절을 겪지만 윤리를 완성한다는 점에서 이성과의 연속선상에 있다. 초합리적이고 초이성적인 차원으로 이성을 변화시키고 풍요롭게 한다는 점에서 신학은 철학과 불연속적 연속성의 관계에 있다고 할 수 있다.

4

인간의 자기이해와 해석학

1
내가 의심한다면 나는 존재한다

아우구스티누스는 진리 추구의 여정에서 '나'의 존재의 확실성 문제를 다루었다. 내면의 영원한 진리의 빛, 곧 하나님을 찾는 과정에서 그는 인간의 자기인식의 문제를 피해 갈 수 없었다. 아우구스티누스에게서 영원한 진리인식과 인간의 자기인식은 내용뿐 아니라 형식적으로도 매우 밀접하게 연결되어 있다. 형식상의 문제는 진리를 추구하는 나의 존재의 확실성을 가리키고, 내용상의 문제란 진리를 알 때에 내가 누구인지를 알게 됨을 가리킨다.

이것은 플라톤철학과 전혀 다른 차원의 문제의식으로서 진리 문제에서 '나'라고 하는 일인칭 주어가 등장하는 순간이다. 인문주의자들은 사람에 관해 말했지 '나'에 관해 말하지 않았다. 그러나 아우구스티누스는 보편개념인 '사람'이 아니라 개별적으로 고유한 '나'로부터 진리 추구를 시작했다. 학자들이 서구 개인주의 및 실존주의의 기원을 아우구스티누스에게서 찾는 까닭도 거기에 있다.

물론 아우구스티누스의 '나'는 타자와 불가분의 관계에 속한다. 그러므로 나의 고유함이 인간 공동체의 보편적 도덕의 세계와 분리되지 않는다. 그 점에서 그리스도교 신학은 인문주의와 분리되지 않는다. 동시에 아우구스티누스의 사랑의 윤리는 인문주의자들이 말하는 인간의 도리를 넘어 타자에 대한 무한 책임의 길을 열어 놓았다.

다시 말해서 아우구스티누스는 모든 의미와 세상의 실체를 '나' 중심으로 환원시키는 초개인주의로 가지 않는다. 아우구스티누스는 개인주의와 공동체주의가 늘 변증법적 통일을 이루는 길을 준비했다. 그래서 악의 문제를 두고도 그리스도교는 세상의 죄에 대한 공동체 전체의 연대책임을 말하면서 동시에 세상의 죄에 연루되어 있는 '나'의 책임 의식을 강화시킬 수 있었다.

아우구스티누스에게서 '나'의 확실성 문제는 우선 회의주의를 극복하는 문제와 관련이 있었다. 그는 회의주의도 무너뜨릴 수 없는 확실한 명제는 '내가 존재한다'는 사실이라고 생각했다.

회심 직후인 386년에 저술한『행복한 삶』에서부터 아우구스티누스는 이미 일인칭 '나'의 존재의 확실성 문제를 다룬다. 그리스도교 신앙으로 귀의하면서 발견한 진리인식의 확실성 문제는 확실한 자기인식의 문제와 떼어 놓고 생각할 수 없었던 것이다. 다시 말해서 하나님을 아는 문제가 나를 아는 문제와 불가분리의 관계에 있었다.

회심 직후의 저서인『독백』에서 자신의 이성과 대화하며 아우구스티누스는 이렇게 말한다.

"너는 하나님을 알고 너 자신을 아는 것 말고 달리 원하는 것이 있는가? 지금 느낌으로는 그것 외에 다른 것은 원하지 않는 것 같다. 그러나 잘 모르겠다고 말하는 것이 낫겠다." (『독백』, I,16)

그러나 자기와의 대화를 계속한 결과 아우구스티누스는 진리 탐구의 기반이 되는 앎의 대상이 무엇인지에 대한 확실한 결론에 도달한다.

"확실히 너는 영혼과 하나님에 대해 알기 원하는가? —내가 원

하는 것은 그것 말고는 없다. ─더 없는가? ─결단코 없다." (『독백』, I,27)

이처럼 처음부터 아우구스티누스는 하나님을 아는 것과 자기 자신을 아는 것을 연계해서 생각한다.

그런데, 자기 자신에 대해서 알기 원한다는 것은 인간이 자기를 의식하는 존재임을 말한다. 아우구스티누스에게서 인간은 무엇보다도 **자기의식**을 지닌 존재라고 할 수 있다. 진리 추구는 인간의 자기의식에서 출발한다. 나는 나를 의식하고 있다.

인간이 자기를 의식한다는 것은 의식의 주체와 의식의 대상이 떨어져 있음을 전제로 한다. 자기 자신과 거리를 두고 인간은 자신을 '나'로 인식한다. 다시 말해서 인간은 자기에 대해 어떤 의식을 가진 존재로서 '나'라는 일인칭 주어가 된다.

아우구스티누스가 강조하는 인간 내면이란 일인칭 주어인 나와 나 사이의 거리에서 생기는 영적 공간이라고 할 수 있다. 인간이란 자기를 의식하는 존재이자 이성으로 자기를 관찰하는 존재로서 내면을 지니고 있다.

인문주의자들에게 인간의 내면은 사私를 버리고 공公을 취하기 위한 도덕적 자기반성의 자리이다. 그러나 아우구스티누스에게서 내면은 우선 자기의식을 통해 자기를 아는 자리이다. 그것은 영원한 진리인식과 결합되어, 도덕 이전의 죄의식과 은총의 자리이고 도덕 너머의 자유와 사랑(카리타스)의 자리이다.

자기 자신을 아는 인간의 자기인식은 감각을 거치지 않은 자기의식 안에서 일어난다. 아우구스티누스에게서 인간의 영혼 또는 정신mens은 물질적이지 않다. 그러므로 인간의 자기인식은 인식의 주체와 객체가 모두 비물질적인 것이다. 다시 말해서 인간의 자기인식에는 외부 사물이 끼어들지 않는다. 이 점을 아우구스티누스는 이렇게 표현한다.

"그러므로 인간은 자기 자신을 통해서 자기 자신을 안다Ergo se ipsum per se ipsum novit." (『삼위일체론』, IX,3,3)

그 점에서 인간의 자기인식은 직접적이고 가장 확실하다. "마음보다 마음에 더 가까이 있는 것은 없지 않은가"(『삼위일체론』, X,3,5). 이러한 자기인식을 출발점으로 삼아 아우구스티누스는 영원한 진리 추구의 여정을 시작한다. "다른 곳이 아닌 자기 자신으로부터 탐구해 나간다"(『창세기 문자적 해설』, VII,21,28).

그런데 아우구스티누스에게서 자기 자신을 아는 문제는 일차적으로 '나의 존재'의 확실성을 가리킨다. '나는 존재한다'는 사실의 확실성을 통해 일인칭 주어 '나'가 정립된다. 알고 싶어 하는 내가 확실히 있다. 나의 존재의 확실성은 인간의 자기의식에서 곧바로 생겨나는 앎이며, 밖을 통하지 않고 내면에서 자기를 통해 아는 최초의 자기인식이다.

『독백』에서 아우구스티누스는 자신과 대화하며 이렇게 말한다.

"너는 너 자신을 알게 될 텐데 우선 내가 존재한다는 것을 아는가? ─그렇다 ─어떻게 아는가? ─모르겠다 … 너는 네가 생각한다는 것을 아는가? ─그렇다 ─그렇다면 네가 생각한다는 것은 진실이다 ─그렇다." (『독백』, II,1)

자기 자신을 아는 것과 자기가 존재한다는 것을 아는 것은

116

다르다. 아우구스티누스는 자기가 누구인지를 알기 이전에 먼저 자기 존재의 확실성으로부터 출발한다. 출발점은 '나는 생각한다'는 사실이다. 나의 존재의 확실성은 생각하는 나에게서 도출된다. 역시 초기 작품인 『행복한 삶』에서는 자기 존재의 확실성이라는 명제가 좀 더 분명해진다.

> "네가 의심할 때에, 그때에도 너는 살아 있다는 것을 아는가? ─그렇다." (『행복의 삶』, II, 2, 26)

내가 존재하는지 확실하지 않아 의심한다고 하자. 다시 말해서 내가 존재한다는 나의 생각이 착오가 아닐까 생각한다고 하자. 그러나 그 경우에도 내가 의심하고 생각하는 것은 분명하다. 그런데 나의 존재를 의심하려면 내가 존재하고 있어야 한다. 여기서 "내가 착오하고 있다면, 나는 존재한다*si fallor, sum*"라는 명제가 탄생한다. 어떤 경우에도 나는 내가 존재한다는 것을 확실히 안다.

이 주제는 회심 직후의 저서들뿐 아니라 『자유의지론』, 『참된 종교』, 『삼위일체론』, 『신국론』 등에서 지속적으로 다루어진다. 그만큼 나의 존재의 확실성은 진리인식과 신 인식을 위해 중요한 주제였다.

『자유의지론』에는 다음과 같은 대목이 나온다.

"괜찮다면 다음과 같은 순서로 연구해 나가자. 먼저 하나님의 존재를 어떻게 증명하겠는가? … 가장 확실한 것으로부터 출발하기 위해 먼저 묻겠다. 너는 존재하고 있는가? 이 질문에 대해 착오에서 나온 대답을 할까 봐 염려하지 말라. 만일 네가 존재하지 않는다면 너는 어떤 착오도 일으키지 않을 것이기 때문이다."(『자유의지론』, I,3,7)

『신국론』에 나오는 다음 글은 데카르트의 『방법서설』의 문장과 거의 유사하다.

"내가 착오를 일으킨다면 나는 존재하기 때문에, 내가 착오를 일으킨 것이라면 존재하는 것이 확실한데, 내가 존재한다는 것이 어떻게 착오일 수 있겠는가. 착오를 일으킨다 할지라도 착오를 일으키는 나는 존재하는 것이기 때문이다. 그러므로 내가 존재하고 있음을 안다는 데에 착오가 없음이 명백하다. 내가 존재함을 아는 것처럼, 이를 통해 내가 안다는 것 역시 알기 때문이다."(『신국론』, XI,26)

자기 존재의 확실함을 아는 앎은 가장 확실한 앎이다. 그리고 그 앎은 아우구스티누스에게서 인간의 자기인식과 진리인식의 기초이다.

그러나 나의 존재의 확실성은 존재하는 내가 누구인지를 확실하게 말해 주지는 않는다. 말하자면 내가 존재하는 것을 안다고 해서 내가 누구인지 아는 것은 아니다. 인간의 자기의식에서 곧바로 발생하는 나의 존재의 확실성은 아직 자기를 아는 인식이라고 할 수 없다.

아우구스티누스는 하나님의 삼위일체를 닮아 인간도 존재와 앎과 의지가 삼위일체를 이루고 있다고 본다. 내가 존재한다는 것을 아는 앎은 의지와 함께 삼위일체를 이룬다. 나는 존재하고, 알고, 욕망하고 의지한다. 내가 존재하고 있음을 확실히 알고, 내가 안다는 것도 알지만, 내가 뭔가에 마음을 쓰고(의지) 사랑한다는 것도 확실히 안다. 결국 인간의 확실한 기초적 자기인식은 내가 존재한다는 사실 그리고 내가 알고 의지한다는 사실이다.

그런데 고대 철학자들은 이미 인간의 알고 이해하는 능력과 의지로써 욕구하고 행하는 능력을 각각 이론이성과 실천이성으로 규정했다. 다만 아우구스티누스의 독특성은 나라고 하는 일인칭 주어를 부각시킨 점에 있다. 나의 존재의 확실함에 기초를 둔 개인의 자기의식을 철학적이고 신학적 진리 탐구의 기초로 삼은 것은 고대 철학에서 찾아볼 수 없는 점이다.

그런데 내가 존재하고 알고 의지함을 아는 앎이 내가 누구인지를 아는 자기인식인 것은 아니다. 자기 존재를 확실히 아는 나는 내용이 없어 텅 빈 나이다. 나의 존재의 확실성에는 어떤 면에서 아직 나라고 할 만한 자기 정체성이 없다.

그렇게 보면 아우구스티누스가 직접적으로 안다고 말한 자기인식은 자기의식 수준을 크게 벗어나지 못한다. 아우구스티누스 자신이 말하듯 그것은 "마음 전체를 안 것은 아니다"(『삼위일체론』, X,4,6). 확실한 자기의식은 내용이 있는 진정한 자기인식을 위한 기초 또는 출발점을 이룬다고 할 수 있다.

아우구스티누스에게서 참다운 앎이란 영원한 진리의 빛에

비추어서만 가능하다. 지식은 외부 사물의 감각에 신의 빛이 비추어져서 생산되고, 인간의 지혜는 신의 빛에 인간이 온 마음으로 참여함으로써 얻어진다. 인간의 자기이해도 마찬가지이다. 인간은 지혜 자체이자 영원한 진리인 신 또는 그리스도의 빛에 비추어 자기를 볼 때에만 자기를 알 수 있다. 내가 누구인지는 그리스도의 은총의 빛 가운데에서 진리인식과 함께 알게 된다.

나는 나를 누구라고 알고 있는가? 사회적 지위나 성별이나 지나온 세월, 살아온 이야기가 나의 정체를 결정한다. 그러나 그것은 껍데기에 지나지 않으며 인간은 그리스도 앞에서만 자기가 누구인지 알게 된다. 그것은 일단 시간을 초월한 영원한 진리의 빛 앞에서 갖추어지는 자기 모습이며, 아우구스티누스가 자기를 알기 위해 내면의 세계로 들어가는 까닭도 거기에 있다. 내면에서 다시 더 깊은 내면으로 들어갈 때에 인간은 말씀인 그리스도의 빛 안에서 자기가 누구인지 알게 된다.

반면 인문주의자들이 생각하는 내면은 사회의 요구가 반영된 것이다. 다시 말해서 도덕적 본성을 성찰하는 자리이다.

그러나 인문주의적 인간본성은 확고하지 않으며 사람은 변한다. 물론 아우구스티누스도 인정하는 대로 내면의 "자기 자신을 통해 자기 자신을 안다"는 점에서 인문주의자를 포함한 인간의 자기인식은 어느 정도 직접적이기는 하다.

그러나 그러한 직접적 자기이해는 일단 내가 존재한다는 것과 의지하고 안다는 것을 아는 정도일 뿐이다. 그런데 그렇게 존재하고 알고 의지하는 나는 계속 변하고 흔들리기 마련이다. 그래서 아우구스티누스는 말한다. "사람이 자기 자신을 알며 사랑할 때에 어떤 변함없는 것을 알거나 사랑하는 것은 아니다"(『삼위일체론』, IX,6,9). 알고 의지하고 사랑하는 나를 아는 것은 나의 확고한 정체와 무관하다.

> "오, 주님, 내가 당신을 찾고 있을 때 나는 어디에 있었습니까? 당신은 내 앞에 바로 계셨습니다. 그러나 나는 내 자신에게서 멀어져 있어*a me discesseram* 나 자신을 찾을 수 없었습니다. 그리고 당신은 더욱 찾을 수 없었습니다." (『고백록』, V,2,2)

따라서 인간은 자기를 모른다고 말하는 편이 낫다.

"인간은 다른 것들을 안다는 것을 알고 자기 자신을 모른다는 것을 안다. … 영혼이 자기 자신을 모른다는 것을 아는 점에서는 그만큼 자기 자신을 아는 것이며, 전혀 모르는 것이 아니다. 자기 자신을 모른다는 것을 모르면 알려고 노력하지도 않을 것이다. … 자기 자신을 알려고 노력하는 점에서 영혼은 자기 자신을 탐구한다는 것과 자기 자신을 모른다는 것을 알고 있다."

(『삼위일체론』, X,3,5)

"나는 나 자신을 모른다는 것을 안다*Novit, se non noveri*." 나는 나를 의식하고 있지만 내가 누구인지는 모른다. 다른 사물은 지식을 통해 알 수 있지만 오히려 나 자신은 지식의 대상이 아니므로 다른 사물을 아는 것만큼 나에 대해서 알지 못한다. 인간의 직접적인 자기인식이 그렇다. 나는 나를 모른다는 것을 아는 만큼만 나를 안다.

그러므로 나는 내가 탐구해서 알아야 할 대상이다. 나는 그 무엇보다 나에 대해 가깝지만, 그러나 내가 나를 모르는 만큼 나는 나에게서 멀다. 진리인 그리스도의 빛으로 그 거리가 채워질 때에 인간은 비로소 자기가 누구인지를 알게 된다. 또는 하나님의 부름에 응답함으로써 인간은 자기를 알게 된다. 아우구스티누스가 자기를 아는 문제와 하나님을 아는 문제를 동시에 제기한 까닭이 거기에 있다.

그렇게 보면 아우구스티누스에게서 인간의 자기인식은 간접적이다. 인간의 자기이해는 외부 사물이나 타자를 거치지 않고 자기를 통해 자기를 안다는 점에서 직접적이지만, 자기 안의 "영원한 진리의 도 안에서 … 자기 자신을 안다*in ratione veritatis aeternae … nosse semetipsam*"(『삼위일체론』, X,3,5)는 점에서 간접적이다.

20세기의 철학자 하이데거는 『존재와 시간』에서 이렇게 말했다. "나는 존재적으로 내게 가장 가깝지만 존재론적으로 가장 멀다." 그 거리는 존재Sein의 부름에 응답함으로써 극복되고 그때에 비로소 인간은 본래적 자기 자신Selbst이 된다. 직접적인 자기인식을 내세우는 데카르트 이후의 근대적 주체를 거부하는 하이데거의 기초존재론은 아우구스티누스의 자기 탐구의 여정을 닮았다.

다만 하나님의 부름 대신에 나의 존재의 부름을 제시함으로써 아우구스티누스와 달리 하이데거는 그리스도교 전통에서 벗어나고, 기초존재론의 초개인주의적인 성향 때문에 타자를 향한 책임은 부차적 문제로 전락한다. 어떻든 분명한 것은 아우구스티누스 신학이 서양철학에 미친 영향은 다양한 측면에서 확인된다는 점이다.

가장 기본적인 영향은 아우구스티누스가 서양의 반성철학, 곧 코기토 전통에 영향을 주고 풍부하게 했다는 점이다. 아우구스티누스에 따르면 인간이 영원한 진리를 아는 것도 자기 자신을 통해서 일어나는 일이다. 폴 리쾨르가 말하듯이 반성철학의 핵심은 나를 거치지 않은 진리를 인정하지 않는 데에 있다. 그 점에서 아우구스티누스는 서구의 코기토 전통, 곧 반성철학의 전통과 단절되지 않는다. 고대부터 중세를 거쳐 근대에 이르기까지 서구 신학이 철학에 끊임없이 영감을 준 까닭도 거기에 있다.

그런데 아우구스티누스에게서 영원한 진리는 내게 속한 것이 아니고 오히려 내가 영원한 진리에 속해 있다. 인간의 자기이해가 영원한 진리를 거쳐 이루어진다는 말은 자기이해에 간접적 요소가 들어 있음을 의미한다. 나는 진리인식의 주체이지만 묻는 주체일 뿐 답의 주체는 아니다. "나는 내가 누구인지 묻고 그리스도가 답한다"(『참된 종교』, XXXI,58). 그리스도의 진리에 비추어서만 내가 누구인지 알게 된다.

"피조물이 자기 자신 안에서 얻는 인식은 하나님의 지혜 안에서 얻는 인식에 비한다면 그야말로 빛바랜 것이다"(『신국론』, XI,7). 인간은 '자기 자신에 관한 생각cogitatio sui ipsius'에서 출발하지만, 자기 안에서 이루어지는 자기이해는 아직 자기를 모르는 것이다. 하나님 안에서만 비로소 진정으로 자기가 누구인지를 아는 자기이해에 도달한다.

모든 사물에 대한 인식은 인간의 자기이해를 통과한다고 보는 점에서 아우구스티누스는 서양의 반성철학 전통의 한 부분을 차지한다. 그리고 진리인식도 자기이해와 연관된다는 점에서 반성철학과 접촉점이 있다. 그러나 아우구스티누스의 신학은 데카르트나 후설의 관념론 철학과 다르다. 후설의 현상학에서 인간의 자기이해는 직접적이어서 너무나 자명하다. 그러나 아우구스티누스에게서 나는 내가 누구인지 물어야 하고 나를 찾아야 한다.

후설과 달리 아우구스티누스에게서 의미의 출처와 기원은 나에게 있지 않고 사랑의 하나님과 그리스도에게 있다. 인간은 믿음을 통해 그리스도에게서 나타난 신의 사랑을 체험하고 신을 알게 됨으로써 비로소 자기를 안다. 그러므로 믿음은 인간의 자기이해에도 영향을 미친다. 사랑의 신을 믿고 사랑할 때에 인간은 비로소 자기를 사랑하게 되고 자기를 알게 된다. 믿을 때에 사랑하게 되며, 사랑할 때에 알게 된다.

이 지점에서 인간의 자기이해는 해석학의 문제가 된다. 왜냐하면 믿음은 언어 해석의 과정을 거쳐서 형성되기 때문이다. "믿음은 들음에서 납니다"(로마서 10:17).

2
해석학의 문제

언어를 인간의 자기이해의 매개체로 생각한 점에서 아우구스티누스는 해석학의 선구자라고 할 수 있다. 독일의 신학자 게르하르트 에벨링G. Ebeling이 아우구스티누스의 작품인 『그리스도교 교양』을 가리켜 "해석학에 관한 가장 위대한 책"이라고 한 말은 과장이 아니다.

아우구스티누스는 여기에서 현대 언어학과 해석학에서 다루는 기본 개념들을 정립했다. 그는 기호*signum*와 그 기호가 뜻하는 것*res*의 차이와 그 관계를 다루었다. 그는 또한 자연 기호와 사회적 약속에 따른 약정 기호의 차이를 구분했고, 인간의 언어는 약정 기호에 속함을 밝혔다. 그는 언어가 사람의 생각들을 서로 교류하는 기능을 가지고 있다고 보았다.

아우구스티누스는 또한 언어 중에서도 말과 글의 차이를 중요하게 취급했다. 그리고 가리키는 뜻이 명확한 홑뜻의 말*signum propria*과 해석이 필요한 겹뜻의 말*signum translata*을 구분했다. 겹뜻의 언어를 그는 표상 언어*signum figurata*라고 불렀다. 표상 언어와 관련해서 그는 알레고리와 직유, 은유, 제유 등을 구분해서 사용하며 텍스트 해석에 관해 설명했다.

『그리스도교 교양』에서 그는 진리의 계시가 인간의 언어와 텍스트를 통해 이루어진다는 점을 명확하게 말했다. 그런데 아우구스티누스에게서 인간의 진정한 자기이해는 영원한 진리인식과 함께 이루어지니, 결국 인간의 자기이해는 텍스트 해석을 통해 이루어지는 셈이다. 다시 말해서 존재하는 '나'의 확실성은 직접적 자기의식이지만, 내가 누구인지를 아는 자기 정체에 관한 앎은 언어 해석의 작업을 통해 진리인식을 거치면서 얻어지는 것이다. 무엇보다도 언어 해석을 거친다는 점에서 인간의 자기이해는 간접적이다.

우선 아우구스티누스는 성령을 통해 직접 하나님의 말씀을 알아듣는다고 주장하는 자들을 매우 위험하게 여기고 반대했다. 하나님의 뜻을 알기 위해서는 교회에서 배우고 설교를 들어야 함을 그는 강조했다. 다시 말해서 하나님은 사람을 통해 자기 뜻을 밝힌다.

"하나님이 당신 말씀을 사람들을 통해 사람들에게 알리는 것을 싫어하셨다면 아마도 인간 조건이 천하게 여겨졌을 것이다."
(『그리스도교 교양』, 6)

인간 조건, 곧 인간의 생각을 전하는 언어 활동과 문화는 천하고 속된 것이 아니라 하나님의 뜻이 드러나는 통로이다. 아우구스티누스에게서 세상 속의 삶과 인간의 문화는 실천을 위한 훈련장일 뿐 아니라 진리인식과 자기이해의 매개체이기도 하다. 인간 조건인 언어 활동이 진리 계시의 통로이므로 사람이 중요하다. 하나님은 사람의 말을 통해 알려진다. 그래서 아우구스티누스는 분명하게 말한다. 하나님의 진리는 "인간의 사역 없이 (직접) 하늘로부터 인간 정신에 계시되지 않는다"(『그리스도교 교양』, 7). 그런 의미에서 "사람은 사람을 통해 배운다."

여기서 인간의 사역이란 무엇보다도 생각을 말하고 말을 알아듣는 **언어 행위**를 가리킨다. 진리인 하나님과 그리스도에 관해 전하는 인간의 말, 그리고 전해진 말을 풀어 알아듣는 독자의 해석 작업을 통해 진리가 드러난다. 하나님의 말씀이라고 불리는 성서도 성서를 기록한 인간의 언어임을 아우구스티누스는 분명히 밝힌다(『그리스도교 교양』, II,2,3).

물론 앞에서 말한 대로 진리인식의 주도권은 인간의 내면에서 이미 빛을 비추고 있는 영원한 진리 그 자체에 있다. 그래서 인간은 진리를 아무에게서도 배우지 않는다고 아우구스티누스는 말했다. 그러나 그 진리의 빛을 경험하여 전하는 인간의 언어와 문화를 통해 진리가 계시된다. "먼저 말을 탐구하지만 그 말은 우리 영혼이 내면의 진리에 '주의를 기울이도록' 하는 역할을 한다"(『교사론』, XI,38)는 말도 바로 그 점을 가리킨다. 인간은 인간의 언어인 성서의 뜻을 풀어 하나님의 뜻을 알아듣는 해석의 주체로서 진리인식의 주체이다.

그러므로 "사람을 통해 배운다"(『그리스도교 교양』, 7)라는 말과 "사람은 아무것도 배우지 않는다"(『교사론』, XII,40)라는 말은 서로 대립되는 말이 아니다. 두 명제는 진리의 계시에서 인간의 역할과 진리 그 자체의 역할을 모두 인정하는 것이며, 내면의 영원한 진리의 빛인 그리스도의 주권 안에서 인간의 주체성을 세우는 명제인 것이다.

물론 인간 조건에는 한계가 있다. 인간의 언어로 영원한 진리, 곧 하나님을 다 말할 수 없다. 그렇지만 언어는 하나님을 이해하는 데 중요하다.

"하나님에 관해 우리가 온당하게 할 수 있는 말이 없지만 하나님은 인간 언어가 당신을 흐뭇하게 하도록 허용하셨고 우리가 우리 언어로 당신을 찬미하며 기뻐하기를 바라셨다." (『그리스도교 교양』, I,6,6)

영원한 진리는 침묵 속에 있지 않으며 말씀으로서 인간의 언어로 나온다. 아우구스티누스에 따르면 그리스도의 성육신도 영원한 진리가 언어로 나온 사건이다. 시공간을 초월한 하나님의 생각_cogitatio_이 시공간 속의 소리를 가진 인간의 말로 인간에게 전해지는 사건이 그리스도의 성육신이다. 인간의 지혜만으로는 영원한 진리인 지혜 자체에 도달할 수 없으므로 사람의 말로 말씀하는 하나님의 말씀을 통해 믿음으로 영원한 진리에 도달한다. 그리스도는 진리이자 동시에 육신을 입어 인간의 언어로 나온 하나님의 말씀으로서 진리에 이르는 길이다.

성서는 하나님의 말씀이면서 인간의 말이다. 인간의 말이라는 점에서 성서의 문자적 의미를 곧 하나님의 말씀으로 받아들이면 안 된다. 성경에 진리가 감추어져 있다는 말은 그 뜻이다. 정확히 말하면 영원한 진리, 곧 하나님의 말씀은 인간의 언어에 감추어진 채 들어 있다. 그러므로 인간은 인간의 말인 성서를 풀어내어서 감추어진 진리, 곧 하나님의 말씀을 찾아내야 한다.

성서가 말하고자 하는 것을 드러내는 것, 곧 사람의 언어에 들어 있는 하나님의 말씀을 인간의 말로 푸는 작업이 해석이다. 결국 인간의 언어에 감추어진 채 들어 있는 하나님의 말씀을 드러내는 것도 인간의 언어이다. "성경에 감추어진 바가 인간의 말과 언어를 통해 벗겨진다"(『그리스도교 교양』, 6). 해석을 통해 "성서의 숨은 뜻을 푼다solvenda aenigmata scriptorum"(『그리스도교 교양』, I,16,23).

말씀을 해석하고 푸는 작업에는 인간의 지성이 작동한다. 성서의 독자는 모든 사람에게 주는 하나님의 말씀을 각자 자기에게 주어진 현장성 있는 말로 바꾸어 이해한다. 보편적 진리가 특정한 독자에게 그의 상황에 걸맞은 말을 전한다. 하나님이 인간의 언어로 나왔음에도 불구하고, 인간의 언어와 진리인 하나님 말씀 사이에는 거리가 있다. 그 거리 때문에 인간은 하나님의 뜻을 모두 알았다고 할 수 없다. 동시에 그 거리 때문에 인간은 해석학적 주체가 된다. 그 점에서 하나님의 말씀과 인간 언어 사이의 거리는 창조적 거리이다.

그 거리를 넘어 진리를 인식하게 하고 하나님의 말씀을 알아듣게 하는 주도권은 하나님에게 있다. 진리인식의 주도권이 진리 자체에 있다는 말은 언어의 해석을 이끄는 힘이 하나님에게서 온다는 뜻이기도 하다. 해석을 통한 진리인식을 가리켜 성령의 작용이라고 말하는 까닭이 거기에 있다.

그러나 진리의 힘에 의해 언어를 풀어 하나님의 뜻을 알아듣는 것은 인간의 주체적 행위이기도 하다. 해석은 하나님의 주권 안에서 일어나는 인간의 주체적이고 창의적인 작업이다. 보편적 진리의 말씀을 특수한 상황에서 자기에게 맞는 말로 알아듣는 인간의 해석을 통해 인간은 새로운 자기이해에 도달한다. 인간과 세상이 새로워지기를 바라는 하나님은 해석학적 주체로서의 인간의 사역을 필요로 한다.

물론 성서나 설교의 말씀에는 해석의 여지가 없이 문자 그대로 받아들여야 하는 것들도 있다. 아우구스티누스에 따르면 행동 지침을 의미하는 계명이나 신앙의 진리에 관한 말씀에는 해석이 필요 없다. 구약성서의 십계명이나 신약성서의 산상수훈의 사랑의 계명 같은 것들은 말씀 그대로 실천해야 한다. 그러나 그런 계명이나 신앙 조항의 경우에도 제한된 범위에서나마 그 의미를 따져 봐야 되는 경우가 많다. 성서의 계명이 구체적 삶에서 어떻게 실현되어야 하는지는 끊임없는 생각과 논의의 대상이 된다. 아우구스티누스도 그 점을 알고 있었다.

더구나 성경 말씀의 대부분은 해석을 필요로 하는 표상 언어이다. 성서에 나오는 많은 사건과 이야기들은 영적인 의미로 받아들여야 하는 경우가 많다. 무엇보다도 성서는 하나님 나라에 대해서 비유를 들어 말했다. 하나님과 그의 나라에 대해서는 인간의 말로 다 표현할 수 없으므로 피조물의 세계에 빗대어 말한 유비적인 상징 언어가 많다. 그런 표상 언어들이야말로 풍부한 해석의 대상이 된다. 말이 말하고자 하는 바를 찾는 것, 곧 말의 일차적 의미가 가리키는 이차 의미를 이해하는 작업이 해석이다.

아우구스티누스는 해석 작업을 우선 저자의 의도를 찾는 것으로 보았다. 언어는 "사람의 생각을 표현하는 수단"으로서 기호 중의 최고이다. 다시 말해 언어는 사태를 그대로 전하는 수단이 아니며 그 사태를 이해한 저자의 생각을 전한다. 특히 인생의 영원한 진리를 전하는 언어가 그렇다. 다시 말해서 성서의 말씀은 하나님의 빛을 경험하고 하나님의 말씀을 알아들은 예언자들의 영적인 생각을 전달하는 매개체이다. 성서를 기록한 저자들의 진리 이해는 영원한 진리 자체의 영감에 이끌려 이루어진 것이다. 그러므로 저자의 생각을 알아내는 일이 곧 신의 뜻을 아는 일이 된다.

"성경을 읽는다는 것은 성경을 쓴 사람들의 생각과 뜻*cogitatio et voluntas*을 찾는 것이며 그것을 통해서 하나님의 뜻*voluntas dei*을 찾는 것이다. 바로 그 하나님의 뜻에 맞게 저자들이 말을 한 것이기 때문이다." (『그리스도교 교양』, II,5,6)

저자의 생각을 이해하기 위해 아우구스티누스는 저자의 말이 나오게 된 배경에 대한 지식도 필요함을 인정한다. 결국 영원한 진리의 말씀을 알아듣는 데에는 성서의 저자에 대한 연구도 필요하고, 성서가 기록된 역사적 배경에 대한 연구도 필요하다는 얘기이다. 신학의 전문가가 필요한 까닭이 거기에 있다. 아우구스티누스의 이런 주장은 중세의 성서 연구에 길잡이가 되었다.

해석을 가리켜 저자의 의도를 파악하는 것으로 본다는 면에서 아우구스티누스의 텍스트 이론은 19세기의 해석학을 연상케 한다. 그런데 20세기 이후의 현대 해석학은 텍스트가 저자의 의도로부터 독립되어 있음을 말한다.

아우구스티누스도 성서 해석을 꼭 저자의 의도를 파악하는 것으로만 보지는 않았다. 신앙의 규칙을 벗어나지 않는 한 텍스트의 의미를 저자의 의도와 다른 뜻으로 알아들어도 된다는 점을 아우구스티누스는 분명히 밝힌다.

"성경의 저자는 어떤 말을 하면서 어떤 정해진 의미로 사용했겠지만, 성령께서는 성경을 읽을 후대의 사람들에게 다른 의미도 예견해 두셨을 것이다. 진리에 바탕을 두고 있는 한, 같은 말씀이 여러 모양으로 이해되고 그 모든 것이 하나님의 말씀으로 이해된다면 이보다 풍부한 말씀이 있을까." (『그리스도교 교양』, Ⅲ,27,38)

텍스트는 저자의 생각을 독자에게 강요하지 않는다. 아우구스티누스는 독자의 자유로운 이해를 인정하면서 "저자가 원래 그런 의미로 쓰지 않았어도 상관없다"라고 단언한다. 진리의 텍스트는 저자의 의도로부터 독립되어 있다. 진리에 대한 저자의 생각을 담은 성서 말씀은 독자의 주체적 생각을 불러일으킨다. 독자는 말씀이 불러일으킨 생각을 통해 영원한 진리를 자기 시대와 자기 상황에 알맞은 내용으로 받아들인다.

텍스트가 저자의 의도를 넘어 직접 독자의 주관적 이해를 가능하게 하는 것을 가리켜 현대 해석학에서는 '텍스트의 자율성'이라고 한다. 위에서 인용한 '같은 말씀이 여러 모양으로 이해된다'는 구절이 그 점을 뜻한다. 성서는 고정된 해석을 넘어 독자를 해석의 주체로 초대하는 마음 넓은 텍스트이다.

텍스트의 자율성을 말함으로써 아우구스티누스의 해석 이론은 저자 중심이 아니라 독자 중심인 현대 해석학과도 통한다. 그렇다고 텍스트를 자기 마음대로 해석해도 된다는 말은 아니다. 일단은 문자의 언어학적 의미가 독자의 자의적 해석을 제한한다. 성서나 설교의 말씀을 거치지 않고는 하나님의 뜻을 직접 알아들을 수 없다고 말한 아우구스티누스가 강조한 것은 결국 하나님의 뜻을 알기 위해서는 하나님의 뜻을 전하는 언어의 문자적 의미를 거쳐야 한다는 뜻이기도 하다. 물론 문자적 의미에 매이지 않고 말*sigum*이 말하고자 하는 것*res*을 알아들어야 하지만, 문자적 의미의 제한이 전혀 없이 독자

마음대로 해석할 수는 없다.

그런데 자의적 해석을 제한하는 또 다른 요소가 있다. 그것은 성령의 작용이다. 해석을 주도하는 진리, 곧 하나님은 성령 하나님을 가리킨다. 문자적 의미나 저자의 의도에 매이지 않는 독자의 자유로운 해석은 성령에 의해 보편적 진리에서 벗어나지 않는다. 말씀의 해석을 주도하는 성령의 인도는 독자의 자유와 양립하고, 믿는 자의 자유는 성령의 인도 때문에 영원한 진리와 양립한다.

그때에 성서라는 텍스트의 풍요로움을 말할 수 있다. 성서 언어가 독자를 해석의 주체로 초대하고, 각기 다른 상황과 시대에 따라 독자들의 주체적 해석에서 생겨난 다양한 성서 이해가 보편적 가치에서 벗어나지 않을 때, 그것을 가리켜 성서의 풍성함이라고 할 수 있다. 독자적 이해의 특수성이 진리의 보편성을 해하시 않을 때에 텍스트의 풍요로움이 드러나는 것이다.

그렇다면 해석의 결과 드러나는 진리는 무엇인가? 언어의 뜻을 풀어 알게 되는 하나님의 뜻은 무엇인가? 개별적인 독자들의 주체적 해석이 성서의 의미에서 벗어나지 않는 기준이 되는 그 보편적 가치란 무엇인가? 독자의 자유로운 해석은 성령의 인도로 어떤 결과를 낳는가?

아우구스티누스에게서 성서 해석의 원리는 사랑을 세우는 데에 있다. 성서의 숨은 뜻을 밝힌다는 것은 "사랑의 자양분을 끄집어내는 일을 가리킨다"(『그리스도교 교양』, Ⅲ,12,18). 성서라는 언어 텍스트가 가리키는 것은 하나님의 사랑이다. 해석의 결과로 드러나는 진리는 사랑의 하나님이다. 언어의 뜻에 담긴 하나님의 뜻은 인간을 사랑하는 데 있다. 그리고 자유로운 해석이 자의적 해석이 되지 않도록 만드는 기준인 보편적 가치 역시 사랑이라는 덕목이다.

독자는 성서를 통해 하나님의 사랑을 믿어 그 영혼이 정화된다. 성서는 하나님의 사랑으로 사람의 "의지를 치유"하는 책인 것이다. 그러므로 성서 이해가 귀결될 지점은 "깨끗한 마음과 진실한 양심과 믿음에서 나오는 사랑이다"(『그리스도교 교양』, I,40,44). 하나님의 사랑에 대한 믿음을 통해 하나님을 사랑하고 이웃을 사랑하게 된다면 그는 성서를 제대로 읽은 것이다.

"해석은 사랑의 왕국*regnum caritatis*으로 수렴되어야 한다." (『그리스도교 교양』, III,15,23).

"하나님 사랑과 이웃 사랑의 이중 사랑을 세우지 못한다면 그는 아직 성서를 이해하지 못한 것이다." (『그리스도교 교양』, I,36,40)

문자적 의미에 매이지 않고 성서의 여러 가지 내용을 사랑으로 귀결되도록 이해하는 것을 가리켜 아우구스티누스는 일종의 해방이라고 본다. 그리스도에게서 오는 자유로 말미암아 문자를 영적으로 해석해서 사랑으로 귀결되도록 한다. 결국 독자의 성서 해석을 이끄는 성령도 사랑으로 인도하는 그리스도의 자유의 영이다.

저자의 의도와 다르게 이해하더라도 사랑을 세우는 방식으로 성경을 이해하였다면 크게 잘못된 독서라고 할 수 없다. 과거 현재 미래에 관한 성경 말씀의 목적은 결국 사랑을 강화하기 위한 것이다. 성서가 말하는 진리는 사랑으로 귀결된다는 점을 강조하기 위해 아우구스티누스는 이렇게까지 말한다.

"만일 어떤 사람이 믿음과 희망과 사랑에 정착하고 흔들림 없이 이것들을 견지하고 있다면, 그에게는 성경도 남들을 가르치기 위해서가 아니라면 필요 없다." (『그리스도교 교양』, I,39,43)

인간의 자기이해는 사랑의 해석학과 밀접히 연관된다.

아우구스티누스는 성서 해석을 통한 믿음의 사건이 죄의식을 불러일으킨다고 본다. 자신이 사랑하지 못하는 죄인이라는 것, 그것이 그리스도교 신앙을 통해 인간이 일차적으로 도달하는 새로운 자기이해이다.

"성경에서 제일 먼저 깨닫는 것은 자신이 이 세상, 곧 일시적 사물에 매여 있음과 그만큼 하나님 사랑과 이웃 사랑에서 멀어져 있다는 사실이다." (『그리스도교 교양』, II,7,10)

이것은 진리를 추구하는 여정에서 자기 존재의 확실성 이후, 자기의식에 내용이 채워지는 첫 단계이다. 그러나 사랑하지 못하는 죄인이라는 자기이해 이전에 진리인식이 있다. 그 진리인식은 사랑의 하나님에 대한 인식이다.

"성부 하나님께서는 이전에도 우리를 사랑하셨고 성자 하나님 (그리스도)이 죽으시기 전뿐 아니라, 우주의 기초를 놓으시기 전에도 우리를 사랑하셨다는 것을 나는 안다." (『그리스도교 교양』, XIII,11,15)

성서 해석을 통한 진리의 발견은 영원한 사랑의 발견이다. 자신을 죄인으로 보는 것은 자기를 사랑하는 신의 사랑 앞에서 생기는 새로운 자기이해이다.

그리스도에게서 나타난 하나님의 사랑의 복음 앞에서 인간은 자신이 사랑하지 못하는 자임을 알게 된다. 고발당하고 비난당할 때에 인간은 자기를 방어하게 되지만, 자신을 향한 원초적 사랑 앞에서 인간은 자신의 죄를 인식하게 된다. 사랑받는 자로서 인간은 자신이 사랑하지 못하는 자임을 알게 된다. 결국 사랑하지 못하는 것이 죄이다.

그러한 죄의식과 짝을 이루는 것은 사랑의 권고이다. 신의 사랑 앞에서 죄를 알게 된 인간은 돌이켜 자기를 사랑하고 이웃을 사랑하라는 권고 앞에 선다. 그리고 신의 사랑의 힘으로 인간은 자기를 사랑하게 된다. 여기서 생기는 자기 사랑이야말로 진리 앞에서 생기는 새로운 자기이해의 중요한 부분을 이룬다.

"하나님을 사랑할수록 우리 자신을 더 사랑하게 된다. 그리하여 우리는 하나님과 이웃을 같은 사랑으로 사랑한다. 그러나 하나님은 하나님 자신 때문에 사랑하며, 우리 자신과 이웃은 하나님 때문에 사랑한다." (『삼위일체론』, VIII,8,12)

여기서 말하는 자기 사랑은 하나님 때문에 자기를 사랑하는 것이므로 흔히 말하는 자기중심적 이기심이나 교만과는 다르다(『삼위일체론』, XIV,14,18). 인간의 내면 깊은 곳에서 세상을 벗어나 하나님 앞에서 생기는 자기 사랑은 무에서 생기는 생명이요, 죄인의 자기 긍정이다. 말하자면 비천한 자의 존엄함이다. 신의 사랑 앞에서 인간은 낮은 자리에서 자신을 수용하며 존엄해진다. 이러한 상태의 인간을 가리켜 아우구스티누스는 세상의 주인dominus mundi이라는 표현까지 쓴다.

하나님의 사랑 때문에 자기를 사랑하고 자신의 존엄성을 알게 되는 것은 인간의 새로운 자기이해이다. 이처럼 인간이 사랑의 하나님 앞에서 자기를 새롭게 이해할 때에 자기를 이해한 것이다. 그렇다고 죄인임을 벗어난 것은 아니다. 그러나 신의 사랑을 받는 자로서 인간은 겸허한 상태에서 자신의 존엄성을 확인하고 세상의 노예가 아닌 주인으로 자기를 인식한다.

이러한 인간의 자기이해는 하나님을 통한 자기 사랑으로 일어난다는 점에서 윤리와 무관해 보인다. 윤리는 타인에 대한 행동 원리이기 때문이다. 그러나 하나님은 사랑이시다(요한1서 4:8). 그러므로 하나님의 사랑 때문에 하나님을 사랑하게 되면 "사랑을 사랑하는 것"이다(『삼위일체론』, VIII,8,12). 사랑을 사랑하게 되면 자기를 사랑하면서 그와 똑같이 이웃을 사랑하게 된다. 이웃 사랑은 신의 사랑으로 치유된 의지에 의한 새로운 자기이해와 자기 사랑에서 비롯되는 것이다.

"마음을 향해서 자기를 알라고 명령하는 것은 무슨 까닭인가? 마음이 자체를 숙고해서 그 본성에 합당한 생활을 하게 하려는 뜻이라고 생각한다. 그 자체의 본성에 따라 규정된 생활을 하라는 것이다." (『삼위일체론』, X,5,7)

나는 내가 누구인지 알아야 하는 명령 앞에 서 있다는 것, 다시 말해서 나는 내가 누구인지 아직 모른다는 아우구스티누스의 고백은 결국 사랑의 해석학으로의 길을 연다. 아우구스티누스의 해석학은 인간의 새로운 자기이해가 사랑의 실천으로 이어진다는 점을 강조한다. 그것은 하나님의 사랑 안에서 자기와 이웃을 사랑하도록 창조된 인간 본래의 본성에 합당한 생활을 하는 문제인 것이다.

하나님 사랑이 이웃 사랑으로까지 연결되기 때문에 인간의 새로운 자기이해는 새로운 세상 이해로 이어진다. 믿음에서 생기는 희망은 새로운 자기에 대한 희망일 뿐 아니라 새 세상에 대한 희망이기도 하다. 신을 믿는 자는 사랑으로 서로 섬기는 자유로운 세상, 곧 하나님 나라에 대한 희망을 가진 순례자이다. 순례자는 또한 이 땅에서 자유로운 사랑의 공동체를 이루어 가는 주체이기도 하다. 그때에 인간은 하나님과 함께 세상의 주인이 된다. 이것이 아우구스티누스가 말하는 인간의 새로운 자기이해이고, 마침내 찾은 자신의 본래 모습이다.

결국 새로운 자기이해는 의지의 치유에서 생긴 결과이다. 의지의 치유란 믿음으로 인한 욕망의 정화를 의미하며, 욕망의 정화를 통해 인간은 제대로 사랑하게 되고 참다운 자기이해에 도달한다. 믿어야 사랑하게 되고 사랑해야 하나님을 알고 자기를 안다. "믿어야 안다"는 진리인식의 공식은 인간의 자기이해에도 해당된다.

그런데, 아우구스티누스는 사람이 이미 진리를 알고 있다는 말도 한다. 이것은 현대 해석학에서 '전이해'라고 부르는 것인데, 인간의 자기이해와 진리인식에서 진리 자체의 주도권을 인정할 때에 전이해의 문제가 등장한다. 아우구스티누스는 이렇게 말한다.

"지혜 그 자체는 지각하지 못할 때가 없고 지각하지 못할 수도 없다. … 인간 자신의 본성을 초월해서 직관하는 것이다." (『그리스도교 교양』, I,8,8)

바깥의 말, 곧 언어 해석을 거치기 전에 사람은 이미 진리를 알고 초월적 지혜를 직관하고 있다. 이것은 진리가 인간 내면에 비추는 빛에 의해서 일어나는 일이다. 다시 말해서 인간은 하나님에 의해 이미 하나님을 알고 있다. 믿어야 알지만, 믿기 이전에도 인간은 진리를 이미 알고 있다. 알고 있는데 모르는 것이다. 사람은 진리에 대한 전이해를 가지고 있다. 그 전이해는 인간에게 최고의 권위를 행사한다.

"이미 알고 있는 자명한 진리의 권위가 분명히 최고의 권위이다 *certe summa est ipsius iam cognitae atque perspicuae veritatis autoritas.*" (『참된 종교』, XXIV, 45)

자명한 진리의 권위는 인간의 내면에서 빛나고 있는 하나님의 권위요, 하나님의 말씀인 그리스도 자체의 권위이다. 그 권위는 성서의 권위에 앞선다. 성서는, 내면의 자명한 진리가 언어로 나온 것으로서 권위를 가진다. 그러므로 성서를 해석한 어떤 설교나 가르침보다 개인들 내면의 자명한 진리, 곧 전이해가 더 권위를 가진다. 이미 알고 있는 자명한 진리가 최고의 권위를 가진다는 말은 그런 의미이다.

사실 성서 해석을 가능하게 하는 것도 전이해가 있기 때문이다. 인간은 해석을 통해 진리를 알지만, 이미 진리를 알고 있기 때문에 해석이 가능해진다. 하이데거는 이 문제를 다루면서 해석이란 이미 알고 있는 것을 밖으로 내놓는 것Aus-legung이라고 보았다.

영원한 진리를 이미 알고 있다면, 인간은 자기에 대해서도 이미 알고 있는 것이다. 그래서 아우구스티누스는 말한다.

"마음은 자체를 사랑하지 않은 때가 없었으며 자체를 알지 못한 때가 없었다." (『삼위일체론』, X,8,11)

인간의 내면에서 빛나는 영원한 진리 때문에 하나님에 대해 이미 사랑하며 알고 있고 따라서 자기에 대해서도 이미 사랑하며 알고 있다. 하지만 **전이해**는 아직 의식화된 이해는 아니다. 이미 알고 있지만 생각해야 알게 된다.

"자기를 알지 못하는 것과 생각하지 않는 것은 다르다. … 그는 모르는 것이 아니라 생각하지 않을 뿐이다. 그래서 자기를 모르는 것과 생각하지 않는 것은 서로 다르다." (『삼위일체론』, X,5,7)

인간은 이미 진리를 알고 있지만 모르고, 또한 이미 자기가 누구인지 알고 있지만 모른다. 그래서 해석을 통해 생각하는 작업이 필요하다. 그 해석은 물론 전이해의 주도로 이루어진다. 해석을 통해 생각하며 믿고, 믿어야 알게 된다. 그러나, 이미 알기 때문에 생각하는 것이고, 이미 알기 때문에 믿을 수 있는 것이다. 믿어야 알지만*credo ut intelligas*, 알아야 믿는다*intellige ut credas*. 전이해에 의하여 믿음과 앎은 순환 관계에 있다.

결국 아우구스티누스는 현대 해석학의 중요한 주제인 전이해와 해석학적 순환의 문제를 다룬 셈이다. 이 문제는 하이데거와 폴 리쾨르에게서 인간의 자기이해와 관련하여 중요하게 다루어지는 주제이다. 하이데거는 『존재와 시간』에서 "물음과 물어지는 것이 앞뒤로 연결되어 있다"고 했다. 리쾨르는 해석학적 순환을 믿음과 앎의 순환 관계로 설명했다. 알려면 믿어야 하지만, 믿으려면 먼저 알아야 안다. 여기서 먼저 안다는 것은 물론 전이해를 가리킨다.

해석학적 순환을 통해서 하이데거는 인간학을 벗어난 기초존재론을 세웠고, 폴 리쾨르는 상징의 힘에 이끌리는 해석학적 주체를 정립함으로써 데카르트로부터 후설에 이르는 근대의 유아론적唯我論的 주체를 깨고 겸손하게 만들고자 했다. 현대 해석학에 미친 아우구스티누스의 영향은 지대하다.

그러나 초개인주의인 하이데거와 달리 아우구스티누스의 해석학은 인간의 자기이해에서 신의 주권과 인간의 주체성을 양립시키는 결과를 낳았다. 그것은 신의 은총 안에서 자기를 사랑함으로써 이웃을 사랑하게 되는 사랑의 해석학 또는 실천의 해석학으로 귀결된다.

5

악의 문제와 원죄론

악의 문제는 마니교에 빠졌던 초창기부터 펠라기우스주의 자들과 논쟁을 벌인 말년에 이르기까지 아우구스티누스의 사상을 관통한다.

악의 문제에 대한 철학과 신학의 사유는 인간의 불행과 고통이 어디서 비롯되었는지를 생각하는 과정에서 발생했다. 종교는 불행이라는 악이 인간의 죄라는 악에서 비롯되었다고 본다. 그런데 그리스도교에서 말하는 죄란 결국 사랑하지 못하는 죄 또는 잘못 사랑하는 죄이다. 그 문제에 대하여 성서를 바탕으로 합리적인 언어로 정립한 사람이 아우구스티누스이다.

그는 하나님이 인간의 불행을 원치 않으며 불행과 고통은 인간이 자유를 잘못 사용한 데서 온 것으로 보았다. 그 점을 주장하기 위해 그는 인류 최초로 『자유의지론』이란 책을 쓰기도 했다.

악에는 물리적 악malum physicum과 도덕적 악malum morale이 있

다. 도덕적 악은 인간의 잘못을 가리키고 물리적 악은 인간의 불행을 가리킨다. 질병과 죽음 또는 자연재앙 등 인간에게 고통을 주는 것은 모두 물리적 악에 속한다. 흔히 악이라면 도덕적 악을 생각하는데, 인간의 고통과 불행을 악이라고 할 때에는 나쁜 것이라는 의미로 받아들이면 된다. 그런데 인간의 고통과 불행이라는 악이 인간의 잘못과 죄라는 악에서 비롯된 것이라면, 고통과 불행은 죄에 대한 벌이다. 아우구스티누스는 이것을 죄벌*peona peccati*이라는 개념으로 설명한다.

> "영혼의 악은 행하는 것이다. 그 악에서 생긴 고통은 당하는 벌이다. 이것이 악의 전부이다." (『참된 종교』, XX,39)

악은 행함*facere*과 당함*patir*으로 설명된다. 죄라는 악을 행하고 그 벌로서 고통이라는 악을 당한다. '죄벌'이라는 말은 인간의 고통과 불행이 인간이 저지른 죄의 결과로 일어난 것이라는 점을 강조하는 아우구스티누스의 용어이다. 그런데 고통과 고난이 죄에 대한 벌이라고 해서 그 벌을 꼭 하나님이 내린다는 뜻은 아니다. 따로 벌을 주지 않아도 인간의 죄는 그 자체로 고통을 수반한다는 의미가 죄벌이라는 말에 들어 있다. '죄벌'이라는 말에는 죄가 곧 벌이라는 의미가 들어 있다.

한편 불행의 원인을 인간의 죄에서 찾는다고 했을 때에, 인간의 죄란 개인의 죄보다는 세상의 죄를 가리킨다. 세상 사람들이 살아가는 방식과 관습에 죄가 있다면 누구도 죄를 짓지 않을 수 없다. 죄라고 생각하지 않고 짓는 죄이다. 때로는 죄인 줄 알면서도 이 굴레에서 벗어나지 못한다. 여기에 아우구스티누스의 원죄론의 핵심이 있다. 개인은 근본적으로 세상의 죄에 동참함으로써 죄를 짓는다. 인간은 같이 얽혀서 죄를 짓고 그 결과로 고통을 주고받는다. 이러한 인간의 비극적 상황을 드러내고 구원의 희망을 제시하려는 것이 아우구스티누스의 원죄론이다.

악의 문제를 풀면서 아우구스티누스는 몇 가지 중요한 명제들을 제시했다. 그 명제들에 그리스도교적 세계관과 인간과의 특징이 잘 드러난다.

1

악은 실체가 아니다

아우구스티누스는 악을 실체로 보지 않는다. 악의 기원을 존재하는 실체에서 찾아서는 안 된다는 말이다. 이러한 주장은 몇 가지 의미를 지닌다.

첫째, 물질과 육체를 악으로 볼 수 없다.

마음의 자유를 추구하던 고대 인문주의자들은 눈에 보이는 실체, 곧 물질을 멀리하는 가르침을 펴기 시작했다. 인간 삶의 혼란과 부패는 결국 물질에 대한 욕심과 육체의 정욕에서 비롯되기 때문에 고대 인문주의자들이 어느 정도 물질과 육체를 경계한 것은 불가피한 일이었다.

청년 시절에 키케로의 『호르텐시우스』를 읽고 아우구스티누스가 얻은 교훈 역시 감각적 쾌락은 참된 행복을 가져다주지 못한다는 점이었다. 스토아철학자들은 물질과 육체에 이끌리는 마음을 경계했다. 감정(파토스)을 배제한 영혼의 이성적 사유(아파테이아)를 강조한 까닭도 거기에 있다. 감정이란 외부 사물을 보고 마음이 흔들려 발생하기 때문이다. 아우구스티누스 역시 밀라노에서 회심하고 세례를 받은 후에 고향인 북아프리카로 돌아와 수도원을 만들고 금욕적인 생활에 들어갔다.

그런데 그리스와 페르시아의 영향이 혼합된 영지주의와 마니교의 이원론은 고대 인문주의보다 더 극단적 금욕주의를 취했다. 마니교도들은 음식물을 비롯한 특정한 사물들을 악하다고 규정하고, 그런 사물을 먹거나 접촉하지 못하도록 했다. 그들에게 육체는 악으로서 영혼 속의 선을 끝없이 공격한다. 한편 영지주의자들은 인간의 영혼을 육체로부터 해방시키기 위해 하늘에서 내려온 분이 그리스도라고 주장했다. 그들은 초대교회에 막강한 영향력을 행사하며 이른바 가현설을 주장했다. 그리스도는 몸을 가진 사람일 수 없으며, 신인데 사람처럼 보였을 뿐이라는 주장이다. 영혼의 자유를 찾고 싶어 하는 고대인들에게 영지주의가 교회에 미친 영향은 막강했으며 마니교 또한 중앙아시아와 중국에까지 그 세력을 확대해 갔다.

그러나 성서의 창조신앙에 따르면 세상 만물은 하나님의 사랑으로 만들어진 것으로 본래 아름답고 좋은 것이다. 성서적 세계관을 근거로 아우구스티누스는 물질과 육체가 그 자체로 *in sui genero* 악일 수 없다고 주장한다. 문제는 하나님과 사람보다 물질을 더 사랑하는 인간의 마음에 있을 뿐 물질 자체가 나쁜 것은 아니다.

물질이나 인간의 육체도 그 신비한 조화와 질서를 보면 선하고 아름다운 것임을 인정하지 않을 수 없으며, 우주와 자연의 모든 실체는 신의 작품으로서 좋은 것이라고 아우구스티누스는 주장한다. 악은 실체가 아니라는 아우구스티누스의 명제에는 이처럼 물질과 육체를 악으로 보는 당시의 영향력 있는 사상들에 대한 반박이 들어 있다.

둘째, 존재를 긍정하고 삶을 축복으로 본다.

물질과 육체를 악으로 보는 관점은 삶을 본래부터 비극적인 것으로 보는 비관주의 세계관으로 연결된다. 인간을 포함해서 자연에 존재하는 사물은 모두 물질로 이루어졌고 삶은 육신의 생리적 욕구를 충족시키며 생명을 유지한다. 그러므로 물질을 악으로 보면 결국 존재한다는 것이 죄를 짓는 일이며 삶이란 처음부터 악의 필연성에 갇히게 된다. 그리스의 오르

페우스 신화나 영지주의와 마니교에서는 인간이 세상에 태어나는 것을 순수한 영적 세계로부터 추락하는 것으로 보았다.

그러나 아우구스티누스는 성서를 근거로 **존재 긍정**의 세계관을 정립했다. 그는 많은 글에서 반복해서 말한다.

"존재하는 한 그만큼 참되다*In quantum sunt, in tantum enim et vera sunt*."

"존재는 하찮은 것이라도 선하다*Ipsum enim quantumcumque esse, bonum est*."

존재를 참되고 선한 것으로 보는 관점은 아우구스티누스 전기 사상의 핵심을 이루면서 동시에 그리스도교 신앙의 가장 큰 특징이라고 할 수 있다. 성서의 창조신앙에 따르면 세상은 선하고 좋은 하나님의 뜻에 의해 존재하는 것으로서 본래 좋은 곳이며, 인간이 세상에 태어나는 것은 추락이 아니라 자유와 사랑의 삶으로 부름받은 것이다.

그리스도교 신학에서 사용하는 타락이라는 용어는 그리스

신화에서 온 말이지만 그 의미가 바뀌었다. 인간의 추락 또는 타락은 인간 마음의 작용이며, 몸을 입고 이 땅에 태어나는 것 자체가 타락일 수 없다. 세속화된 현대의 시각에서는 너무나 당연한 얘기이다. 그러나 초대교회에 끼친 영지주의와 마니교의 막강한 영향력을 고려할 때에 아우구스티누스의 존재신학은 서구의 그리스도교적 세계관을 정립하는 중대한 사건이었다. 죄와 고통이 많지만, 세상과 삶은 본래 아름답고 좋은 것이다.

존재가 이미 선이다. 도대체 우주 만물이 없지 않고 지금처럼 있는 것, 그 자체가 이미 좋은 일이다. 세상이 왜 없지 않고 있는가?

"선한 하나님으로부터 선한 것이 창조되는 것보다 더 나은 까닭이 없다*nec causa melior quam ut bonum creartur a Deo bono*." (『신국론』, XI,21)

세상이 없지 않고 있게 된 까닭은 선의 자기 확산에 있다. 존재가 선이므로 존재 자체인 하나님은 최고선으로서 만물의 존재를 창조하여 선의 확산을 꾀했다. 세상이 없지 않고 있는 까닭이 거기에 있다.

그러므로 선은 도덕 개념이기 이전에 존재 개념이다. 사람이 선한 일을 하기 이전에 그 존재로서 이미 선하다. 선의 출발은 무에서 유가 되는 존재 사건에 있다. 선한 하나님이 만물을 만든 창조 사건, 그것은 도덕적 선보다 앞선 존재 사건으로서의 선의 확산이다.

"무엇 때문에 그것들을 만드셨는가Cur ea fecit? —존재하게 하려고Ut essent." (『참된 종교』, XVIII,35)

신이 세상을 창조한 목적은 존재 바로 그것에 있다고 할 만큼 세상과 인간의 존재는 그 자체로 이미 가치를 지닌다. 신을 최고선으로 보는 아우구스티누스의 신론도 세상의 존재를 선으로 보는 세계관에 기초를 두고 있다.

"하나님이 최고로 선하신 분이 아니라면 만물이 만들어지지 않았을 것이고 이렇게 온전하게 존재하고 있지도 못할 것이다." (『참된 종교』, LV,113)

"당신이 이 피조물을 만드신 것은 자신에게 무엇이 부족해서가 아니라 차고 넘치는 당신의 좋으심 때문입니다." (『고백록』, XIII,4,5)

사랑의 하나님에 대한 신앙과 존재 긍정의 세계관은 서로 얽혀 있다. 하나님이 선하므로 세상이 존재한다고 할 수 있지만, 존재를 선으로 보는 관점 때문에 존재의 기원이 되는 선한 하나님을 믿는다고 할 수도 있다. 존재 긍정의 세계관 때문에 존재의 기원이자 존재의 보존자인 신은 최고선으로 개념화된다.

그리고 존재가 선이기 때문에 최고선인 하나님은 모든 존재의 기원인 "최초 존재이며 최고 존재prima atque summa essentia"로 불린다. 하나님은 최고 존재로서 최고선이다. 만물은 최고 존재인 하나님에 참여함으로써essentia participant 존재한다, 또한 존재함으로써 만물은 이미 하나님의 선에 참여하고 있다.

"자연 사물은 그것이 자연 사물인 한 악이 아니다. 자연 사물의 개체 속의 선이 줄지 않는 한 악이란 없다. 선이 자꾸 줄어서 선

이 없어진다면 자연도 없어진다." (『선의 본성에 관하여』, XVII)

마니교에 반대하는 이 글에서도 존재와 선을 연관시키고 있다. 이 글에서 말하는 자연이란 하나님이 창조한 세상과 만물을 가리키며 인간을 포함하는 개념이다. 존재가 선이라면 무가 되어 존재가 없어지는 것은 그만큼 선이 없어지는 현상이다. 아우구스티누스는 하나님이 사람의 죽음을 원치 않는다는 말까지 한다(『참된 종교』, XI,22).

플라톤은 인간이 바라보고 모방할 최고의 도덕적 기준을 마련하기 위해 최고선의 이념, 곧 선의 이데아를 말하고, 그것을 가리켜 최고 존재라고 했다. 그러나 아우구스티누스가 신을 최고선이자 최고 존재로 본 것은 인간세상의 죄와 고통에도 불구하고 삶을 축복으로 보는 존재 긍정의 세계관 때문이다.

'존재'라는 용어를 사용하여 전개되는 아우구스티누스의 존재 신학적onto-theology 사유는 플라톤철학의 존재론의 영향을 받았다. 그러나 그의 신학은 플라톤의 인문주의와 달리 그리스도교의 창조신앙에 근거한 세계관에 기초하고 있다.

"내가 확실히 알게 된 것은 당신이 모든 것을 좋게 창조하셨다는 것과 당신이 창조하시지 않은 실체는 하나도 없다는 것입니다." (『고백록』, VII,12,18)

창조신앙에 바탕을 둔 아우구스티누스의 사상에서는 존재를 긍정하고 삶을 축복으로 보는 관점이 인문주의보다 더 분명하고 강하다. 동시에 본래 좋게 만들어진 세상을 비극적 상황으로 만든 인간세상의 죄를 고발하는 죄의식도 그만큼 인문주의보다 강하다. 우주의 존재와 인간의 삶에 대한 원초적인 긍정과 인간세상의 악의 깊이에 대한 죄의식은 신의 은총을 매개로 한 새사람과 새 세상에 대한 희망으로 이어진다. 그 점에서도 아우구스티누스의 존재 신학은 플라톤의 존재 철학과 큰 차이를 보인다.

셋째, 사탄을 초월적 실체로 인정하지 않는다. 마니교에서는 인간을 죄짓게 하고 재앙을 몰고 오는 악의 초월적 힘이 있다고 믿었다. 우주의 자연현상은 선한 신과 악한 신 사이의 싸움으로 결정된다. 그들은 자연재앙과 인간의 고통이라는 악의 현상을 설명하기 위해 우주의 한 축을 지배하는 초월적 실체를 동원했다. 이런 이원론적 실체론은 페르시아의 영향이 크다.

그러나 아우구스티누스는 마니교에서 빠져나오며 사탄의 존재론적 실체를 없애는 방향으로 사유를 진행했다. "존재하는 것은 모두 선하다"는 그의 명제는 우주적 권세를 가진 악한 힘, 곧 사탄의 실체를 부인한다는 의미를 갖는다. 하나님은 오직 선하며 인간의 삶을 운명적 비극에 빠뜨리려는 의지를 가진 초월적 실체는 존재하지 않는다.

사탄의 존재론적 실체성이 부인되면서 인간이 악의 주체 *auctor mali*가 된다. 악은 인간의 마음에서 발생한다. 결국 악을 실체로 보지 않으면서 그리스도교는 그만큼 신화적 세계관에서 벗어나고 합리화된다. 다음 구절에서 알 수 있듯이 아우구스티누스에게서 사탄이나 마귀는 거의 비非신화화된다.

"그것들(마귀)이 힘이 있어서 인정을 받는 게 아니라 사람들이 인정하고 의미를 두기 때문에 그것들이 힘을 갖게 되었다."(『그리스도교 교양』, XXIV,37)

물론 아우구스티누스는 종종 사탄이나 악령 또는 마귀를 언급한다. 그는 타락한 천사가 죄를 짓도록 유혹한다는 말도 한다. 고대 교회에서는 사탄이나 악령을 가리켜 타락한 천사라고 했다. 그러나 사탄이나 악령의 유혹이 있더라도 결국 유혹에 져서 악을 저지르게 된다면 책임은 전적으로 인간에게 있음을 아우구스티누스는 강조한다.

악은 신의 뜻에 의해 생기는 것도 아니고 사탄의 공격으로 발생하는 것도 아니다. "죄가 곧 벌"이라는 아우구스티누스의 말도 인간의 불행이나 고통이라는 악이 인간의 죄라는 악에서 비롯된 것임을 말해 준다. 악과 죄는 운명이 아니라 본성대로 선하게 살 수도 있고 본성을 거슬러 악하게 살 수도 있는 인간의 자유의지의 산물이다. 자유가 없으면 악도 없다.

그러므로 아우구스티누스가 간혹 마귀를 말하더라도 마니교의 이원론과 그 의미가 다르고, 로마의 대중들이 생각했던 악령과도 다르다. 당시의 로마인들에게 악령이나 마귀는 인간의 형태를 갖춘 잔인한 존재로서 재앙을 가져올 수 있는 실체이다. 그러나 아우구스티누스에게서 악마나 사탄은 실체적 존재이기보다는 인간의 마음과 관련된 심리적인 것으로 변한다.

"이러한 결함(하나님을 벗어나서 생긴 결함)에서 결핍이 오고, 결핍에서 시기가 오며, 그 시기 때문에 악마가 다름 아닌 악마가 된다고 해서 이상할 것이 없지 않은가." (『참된 종교』, XIII,26)

이 글에서 악마란 인간의 시기심과 일치한다. 아우구스티누스는 여러 글에서 인간의 시기심을 언급한다. 아우구스티누스가 시기심을 마귀로 보는 것은 20세기의 사상가 르네 지라르를 연상케 한다. 지라르에 따르면 남이 가진 것을 갖고 싶어 하는 인간의 모방 욕망이 시기심을 일으키고, 시기심은 남을 이기고 지배하려는 경쟁심과 권력의지와 폭력의 기원을 이룬다. 사탄과 마귀의 정체를 시기심에서 찾는 아우구스티누스의 언급은 무한경쟁으로 치닫는 현대사회의 문제를 분석하는 데에도 큰 도움이 된다.

어떻든 아우구스티누스에게서 악령이나 사탄은 인간 밖의 무슨 실체이기보다는 인간의 마음이 만드는 죄의 힘이다. 좀 더 자세히 말하면 개인으로 하여금 죄짓게 만드는 인간세상의 죄의 힘이 사탄이다. 모두가 다 같이 짓는 죄의 힘은 개인 위에서 개인을 지배하기 때문에 초월적 실체처럼 사탄이라고 부를 수 있다. 물론 세상의 죄는 개인들이 집단을 이루어 짓는 것이므로 개인에게 책임이 없지 않다. 이 문제는 원죄론과 관련해서 뒤에서 더 살펴보자.

악의 책임을 인간의 자유의지에서 찾음으로써 아우구스티누스는 운명론에 빠지지 않고 인간을 자기 삶의 책임적 주체가 되게 만들었다. 그런 식으로 그리스도교 문명은 종교 안에서 합리적 사유를 시작했다.

그런데, 선은 실체이다. 최고 존재이자 최고 실체인 하나님이 선이다. 그러므로 아우구스티누스에게서 악은 실체가 아니지만 선은 존재론적 실체이다. 그 점에서 그리스도교 신학은 선과 악이 모두 인간의 마음에서 발생한다고 보는 인문주의와 다르다. 아우구스티누스의 그리스도교는 한편으로 선한 신에 대한 믿음을 통해 고대사회가 처한 회의주의를 극복하고, 다른 한편으로 사람을 악의 책임적 주체로 세움으로써 미신에 빠져 있던 민중의 의식 수준을 높이는 데 중요한 역할을 했다.

2
자유의지론

아우구스티누스는 이렇게 말한다.

"하나님께서 만드신 것은 모두 선하다. 그러므로 악이란 본래적 존재*esse naturalia*가 아니다. 악이라고 부르는 것은 죄와 벌을 가리킨다. 그런데 자유의지의 동의가 없으면 죄가 될 수 없다. 그러므로 죄는 사물 자체에 있는 것이 아니라 사물의 부당한 사용에 있는 것이다." (『창세기 문자적 해설 미완성 작품』, I,3)

악은 실체가 아니라 인간의 마음에서 발생한다. 이때 마음이란 의지를 가리킨다. 아우구스티누스는 인간의 욕구 능력인 의지에 주목했다. 악의 핵심은 인간의 죄에 있으며, 죄란 인간의 의지에서 발생한다*Vonluntate peccatur*.

"의지로 이루어지는 것이 아니라면 죄도 아니고 올바른 행위도 아닐 것이다_Non enim aut peccatum esset, aut recte factum, quod non fieret voluntate._" (『자유의지론』, II,1,3)

이 글에서는 악뿐만 아니라 선도 인간의 자유의지의 결과로 보인다. 칸트가 『도덕형이상학 정초』에서 한 말, "선한 의지가 곧 선이다"를 연상케 한다. 그러나 『자유의지론』의 앞부분은 마니교에 반대하기 위해 인간의 자유의지가 강조된 것이다. 후반부로 가면 선의 발생에서 인간의 자유의지가 아닌 신의 은총이 강조된다. 여하튼 악은 인간의 의지의 열매라는 점은 변함이 없다.

"악이란 무엇인가? 추구한 결과 내가 알게 된 것은 악이란 어떤 실체가 아니고 의지의 왜곡이라는 것이었습니다." (『고백록』, VII,16,22)

인간이 마음을 잘못 먹고 마음 씀씀이가 잘못되어 악을 행하고 그에 따라 물리적 악, 즉 고통과 불행이 수반된다. 이것은 어떤 사람의 불행이 반드시 그 사람의 죄에서 비롯된 것이라는 말은 아니다. 아우구스티누스가 말하고자 하는 것은 고통과 불행은 하나님이나 어떤 초월적 실체에게서 오는 게 아니라는 뜻이다.

아우구스티누스는 그리스도교의 하나님은 인간의 고통을 원하지 않는다는 점을 분명하게 말한다. 그렇다고 인간을 불행하게 만들거나 인간으로 하여금 죄짓게 유도하는 사탄이나 마귀가 따로 있는 것도 아니다. 그렇다면 결국 악의 기원은 인간에게 있다.

앞에서도 보았듯이 악의 문제와 인간의 자기이해는 밀접한 연관이 있다. 신학적 인간론 또는 아우구스티누스가 말하는 인간의 자기이해는 그리스도교적 죄의식과 떼려야 뗄 수 없다. 악의 문제의 핵심에 '나 자신'이 있다.

"이제 과거에 잘못을 저지른 나 자신에 대하여 화내는 것을 배웠습니다. 내가 내 자신을 향해 화를 내는 것이 옳은 것은 죄를 짓는 것이 어둠의 왕국에 속해 있는 다른 본성이 아니요, 나 자신이었기 때문입니다. 마니주의자들은 자기 자신에 대하여 화를 내지 않으므로 진노의 날, 곧 하나님의 의로운 판단이 나타

나는 그날에 임할 진노를 쌓고 있는 것입니다(로마 2:5)."(『고백록』, IX,4,10)

'어둠의 왕국에 속해 있는 다른 본성'이란 마니교의 표현이다. 그들은 인간 안에 있는 두 마음 간의 갈등을 개인 자신의 문제로 받아들이지 않았다. 그들은 악의 유혹을 개인의 문제가 아니라 우주를 지배하는 악한 권세의 공격 때문에 생기는 것으로 보았다. 악의 공격에 대처하기 위해 그들은 매우 정숙한 삶의 태도를 지향했지만 기본적으로 내면의 자기성찰과 죄의식이 결여되어 있었으며, 따라서 자기 자신에 대한 회개를 알지 못했다.

그러나 아우구스티누스에게서 죄를 짓는 주체는 '나 자신'이다. 나의 왜곡된 의지가 죄를 짓게 하고 고통을 만든다. 죄를 짓는다는 것은 곧 자유의지가 있음을 의미한다. 자유의지가 없이 필연적으로 죄를 지을 수밖에 없어서 죄를 짓는 것은 악이 아니요, 죄가 되지 않는다. 그러므로 사람들이 스스로 자기 자신이 죄를 짓고 있다고 인식하는 것은 자유의지가 있음을 의미한다.

결국 악의 문제는 자유의지론으로 귀결된다. 악의 기원을 찾던 아우구스티누스의 사유는 자유로운 인간론으로 귀결되었다. 그는 인간의 본질을 **자유**에서 찾는다. 자유 때문에 죄를 짓고 고통을 당하지만, 그럼에도 불구하고 그리스도교의 인간론에서 자유는 양보할 수 없는 핵심이다. 자유롭고, 그래서 책임적인 존재. 그것이 성서를 바탕으로 삼아 아우구스티누스 신학이 확립한 그리스도교의 인간 개념이다.

신은 인간을 본래 자유로운 존재로 창조했다. 그때의 자유는 선택의 자유*liberum arbitrium*를 가리킨다. 선을 행할 수도 있고 악을 행할 수도 있는 자유가 인간에게 주어졌다. 자유는 인간의 본질이다. 본성으로 볼 때에 자유가 선에 앞선다고까지 할 수 있다. 신은 인간의 자유로부터 선을 기대한다.

자유가 없다면 존재를 선으로 보는 존재론적 선의 세계관도 형성되지 않았을 것이다. 아우구스티누스는 악의 문제와 관련해서 자유를 생각했는데, 자유는 신에 관한 사유에도 영향을 미칠 정도로 중요한 개념이다. 아우구스티누스의 신 개념에는 인간의 자유를 존중하는 내용이 들어간다. 성서(요한복음 1:1)를 따라 아우구스티누스가 신을 '말씀'이라고 부를 때에,

말씀인 하나님은 인간을 힘으로 강제하지 않고 말로 설득하면서 자신의 뜻을 이루어 간다는 의미를 품고 있다.

> "그(하나님)는 모든 것을 힘으로 하지 않고 설득과 권면으로 하신다*Nihil egit vi, sed omnia suadendo et monendo.*"(『참된 종교』, XVI,31)

힘으로 하지 않고 말로 하는 하나님은 인간의 자발적인 참여를 요청하는 하나님이다. 그리고 신의 뜻대로 하지 않을 수 있는 인간의 자유 때문에 신이 원치 않는 일이 발생할 수 있다. 그것이 악이다. 신은 인간에게 자유를 주었는데, 그 자유 때문에 발생하는 죄와 고통은 신이 원치 않는 것이다.

자유는 위험부담을 안고 있다. 그럼에도 불구하고 인간에게 자유가 없다면 신의 영광도 없다. 불순종할 가능성에도 불구하고 자유롭게 순종하기를 바라는 분이 성서의 하나님이다. 자유로운 순종만이 하나님께 영광이 되기 때문이다. 아우구스티누스는 말한다. "하나님은 당신의 종들이 자유로이 *liberaliter* 당신을 섬기는 편이 더 좋다고 판단하셨다"(『참된 종교』, XIV,27).

인간의 자유 때문에 그리스도교의 신은 뜻대로 안 되는 일을 감수할 가능성을 안고 있다. 그만큼 아우구스티누스의 인간론에서 자유가 차지하는 비중은 절대적이다. 그에게 구원이란 자유의 회복을 가리킨다. 그리스도교의 창조론은 인간이 본래 자유로운 존재임을 알려 주고, 그리스도교의 구원론은 잃어버린 자유를 다시 찾은 인간이 자유의 시대에 살게 되었음을 선포한다.

"옛 종살이가 끝나고 자유의 시대*tempus libertatis*가 찬란하게 되돌아왔고, 인간은 자유롭게 창조되었음*libero esset creatus arbitrio*을 적절하고 유익하게 수긍하기에 이르렀다." (『참된 종교』, XVI,31)

그렇다면 자유로운 인간이 행하는 악, 곧 죄는 무엇인가? 죄를 짓는 자유의지를 가리켜 아우구스티누스는 의지의 왜곡 *perversio voluntatis*이란 말을 사용한다. 의지는 욕구 능력을 가리키므로 의지의 왜곡은 잘못된 욕망 또는 욕망의 우선순위가 잘못된 것이다.

흔히 '왜곡'이라고 번역된 라틴어(*perversio*, 영어: perversity)는 뒤집어짐 또는 뒤바뀜이라는 뜻이다. 한자로는 전복顚覆이나 전도顚倒를 가리킨다. 죄는 의지가 지향하는 욕망 대상의 우선순위가 뒤집어진 것이다. 의지의 무질서이다.

의지는 욕구 능력을 가리키기 때문에 아우구스티누스는 의지 대신에 사랑diligere이라는 말을 사용하기도 한다. "올바른 의지는 올바른 사랑이며 비뚤어진 의지는 나쁜 사랑이다"(『신국론』, XIV,7,2). 인간의 죄, 곧 악이란 사랑의 우선순위가 뒤바뀌어 질서를 잃은 것이다. 그러므로 제대로 된 사랑을 하지 못하는 것 또는 무질서한 사랑을 가리켜 악이라고 할 수 있다.

아우구스티누스는 **사랑의 질서**ordo amoris를 말한다.

"덜 사랑해야 할 것을 더 사랑하지 말아야 하고, 더 사랑해야 되거나 덜 사랑해야 할 것을 동등하게 사랑하지 말아야 하고, 동등하게 사랑해야 할 것을 더 사랑하거나 덜 사랑하지 말아야 한다." (『그리스도교 교양』, I,27,28)

아우구스티누스는 네 가지 사랑의 대상을 꼽는다. 하나님, 나 자신, 이웃 그리고 사물이다. 나 자신보다 더 사랑해야 할 대상은 하나님이다. 하나님은 최고선이기 때문이다. 가장 좋은 것을 가장 사랑할 때에 사람의 영혼은 가장 만족할 수 있다. "인간은 본래 하나님과 가장 잘 맞고 하나님과 잘 어울린다."

하나님을 가장 사랑하고 이웃은 나 자신과 동등하게 사랑하고 사물을 덜 사랑해야 한다. 그런데 하나님을 가장 사랑하면 사랑의 질서는 저절로 이루어진다. 하나님을 사랑하는 사랑 안에서 질서 있게 이루어지는 모든 사랑을 가리켜 아우구스티누스는 카리타스*caritas*라는 용어를 사용한다. 참된 정의와 참된 평화와 참된 질서와 참된 기쁨은 카리타스에서 생긴다.

사랑의 질서를 설명하기 위해 아우구스티누스는 향유*frui*와 이용*uti*이라는 개념을 사용한다. 신을 사랑하는 일은 신을 향유하는 것이다. 사물을 사랑하는 일은 사물을 이용하는 일이 되어야 한다. 아우구스티누스의 용어, 향유와 이용은 각각 목적과 수단에 해당하는 말이다.

신은 그 자체로 즐거움의 대상이다. 다른 즐거움을 위해 신을 이용하면 안 된다. 사람에 대한 사랑도 향유가 되어야 하며 사람을 이용의 대상으로 삼으면 안 된다. 다른 사람은 같은 인간으로서 나와 동등한 위계에 속한다. 그러므로 "본래 동등한 자인 다른 사람을 지배하려고 하는 것은 용납 못 할 오만이다"(『그리스도교 교양』, I,23,23). 아우구스티누스에게 인간은 주체이면서 목적이다. 다만 신을 목적으로 삼아 사랑하고 즐거워할 때에 사람은 세상의 주인, 곧 주체가 될 수 있고 다른 사람을 수단이 아닌 목적으로 대하게 된다.

주체가 된다는 것은 사람과 사물의 노예가 되지 않고 사람과 사물을 제대로 사랑하게 되는 것을 가리킨다. 스스로 자기 삶과 세상의 주인이 되느냐, 아니면 외부의 노예가 되느냐의 갈림길은 제대로 된 사랑, 곧 질서 있는 사랑에 달렸다. 신과 사람은 그 자체로서 목적으로 사랑하고 재물이나 사물은 신과 사람을 위한 수단으로 사랑해야 된다.

사람이 사람을 목적으로 사랑하는 일에는 타자에 대한 사랑은 물론이고 **자기 사랑**도 포함된다. "'네 이웃을 너 자신처럼 사랑하라'는 말씀에 비추어 보면 자기 자신에 대한 사랑도 빠질 수 없다"(『그리스도교 교양』, I,26,27). 그러나 "인간은 어떻게 자기를 사랑하는 것이 자기에게 이로운지 배워야 한다"(『그리스도교 교양』, I,25,26). 하나님에 대한 사랑 안에서 하나님에게 속한 자로 자기를 사랑할 때에 인간은 자기 자신을 하나의 사람으로서 있는 그대로 사랑하게 된다. 그것이 참된 자기 사랑이다.

"누구도 자기가 자신에게 아버지나 아들이 되거나 친척이 되지 않는다. 사람은 자기 자신에게 사람*homo*일 뿐이다. 다른 사람을 그 사람 자신으로 사랑하는 사람은 자기에게 자기 자신인 것 *quod sibi ipse est*을 그 사람 안에서 사랑하는 것이다. … 누구나 이웃에게서 자기 자신이 아닌 것을 사랑하는 자는 그를 그 자신으로 사랑하지 않는 것이다. 그러므로 사람은 육적인 조건과 무관하게 인간성 그 자체*ipsa natura humana*를 사랑해야 한다." (『참된 종교』, XLVI,89)

제대로 된 사랑을 위해서 사람은 인간관계에서 생긴 지위를 일단 벗어날 줄 알아야 한다. 다시 말해서 사람은 가정이나 사회에서 부여된 지위나 역할과 무관하게 먼저 사람 그 자체로서 자기 자신이다. 누가 그처럼 사회 속에서 생긴 정체성을 벗어나 자기를 하나의 사람으로서 사랑한다면, 그것은 "자기 안에서 하나님에게 속한 것을 사랑하는 것amare in eo illud, quod ad deum pertinet"(『참된 종교』, XLVI,86)이다.

하나님은 사람을 사랑하되 그 사람의 소유나 사회적 지위와 무관하게 사람 자체로 사랑하기 때문이다. 그러므로 나는 하나의 사람으로서 하나님에게 속한 것이지 사회적 지위로 하나님에게 속한 것이 아니다. 사회적 지위는 세상에 속한 것이지 하나님에게 속한 것이 아니다. 그러므로 자기 자신을 있는 그대로 하나의 사람으로서 사랑하는 사람은 자기 안에서 하나님에게 속한 것을 사랑하는 것이다.

그리고 그 사람은 하나님의 사랑을 따라 사랑하는 것이니, 곧 하나님 때문에 자기를 사랑하는 것이다. 그것을 가리켜 아우구스티누스는 "자기를 영적으로 사랑하는 것se spiritaliter diligere"이라고 표현하기도 한다.

그처럼 자기 자신을 하나의 사람으로서 사랑하는 사람은 타자를 대할 때에도 외모와 물적 조건으로 판단하지 않고 사람 그 자체를 사랑한다. 그때에 다른 사람을 자기 자신처럼 사랑하게 되는 것이다. 사람 그 자체 또는 '인간성 그 자체'를 매개로 나와 타자는 하나님 안에서 하나로 연결된다. 그것을 가리켜 아우구스티누스는 "모두가 한 분이신 하나님 아버지 밑에 친척이 된다"라고 표현한다.

한편 타자의 인간성 그 자체를 사랑한다는 말에는 타자에게서 하나님이 창조한 본래의 모습을 본다는 뜻이 들어 있다. 물론 현재의 인간은 죄로 말미암아 본래의 인간성을 상실했지만, 하나님 때문에 자기 자신을 하나의 인간으로 사랑할 줄 아는 사람은 타자를 그 본래적 인간성의 관점에서 대하고 존중하며 사랑한다.

칸트는 『도덕형이상학 정초』에서 인간이성에 주어진 선험적 정언명령을 이렇게 표현했다. "네가 항상 너 자신의 인격에서나 다른 사람의 인격에서 인간성을 동시에 목적으로 대하고 수단으로 대하지 않도록 그렇게 행동하라." 칸트가 루터와 아우구스티누스의 영향을 받은 것은 잘 알려진 사실인데, 이 명제 역시 하나님을 향유하면서 자기를 향유하고 타자를 향유하라는 아우구스티누스의 가르침을 본으로 삼은 것 같다.

물론 칸트는 계몽주의자로서 '자율적 인격'이라는 개념을 중시했고 아우구스티누스는 신학자로서 '하나님에게 속한 인간' 개념을 중시했지만, 자기 자신을 목적으로 대하고 그렇듯이 타자도 목적으로 대하라는 가르침에서 동일하다. 칸트가 '인간성'이라는 용어를 쓴 것도 아우구스티누스의 영향으로 보이는데, 그것은 인간이 현실에서 자율적 인격자의 모습을 충분히 보이지 못하더라도 그에게서 "인간성의 이념"을 보고 그를 목적으로 대하여야 한다는 뜻이다. 아우구스티누스는 하나님이 본래 부여한 인간의 본성을 가리켜 "인간성 그 자체"라는 용어를 사용했는데, 그 용어가 칸트에게서 '인간성의 이념'으로 바뀌며 세속화된 것이다.

만일 하나님을 목적으로 삼지 못한다면 자기 자신과 타자를 사람 그 자체로 보지 못하고, 그 본래적 인간성의 관점에서 타자를 사랑하는 일도 불가능하게 된다. 그렇게 보면 악이란 사랑의 질서가 무너져서 결국 자기를 사랑하지 못하고 타자를 사랑하지 못하게 되는 것이라고 할 수 있다.

하나님을 목적으로 삼지 않으면 자기 자신과 타자도 수단으로 삼게 된다. 사물이나 재물을 위해 신이나 사람을 이용하는 것, 그것은 사랑의 질서가 뒤집어진 것이다. 목적은 부나 명예에 두고 신과 자기와 타자를 부와 명예를 위한 수단으로 삼는 마음 씀씀이가 죄이고 악이다. 다시 말해서 목적과 수단의 역전이 죄이다. 의지의 왜곡, 곧 전도된 사랑이란 목적과 수단이 뒤바뀐 것을 가리키는 것이다. 신학적 의미에서의 선과 악은 거기서 결정된다.

> "선한 사람들은 하나님을 향유*frui*하려는 목적으로 세상을 이용 *uti*하는데, 악한 사람들은 세상을 향유하기 위해 하나님을 이용하려고 한다." (『신국론』, XV,7,1)

> "돈을 향유하고 하나님은 이용하려는 자는 가치가 전도된 사람이다. 그런 사람들은 하나님 때문에 돈을 사용하지 않고 돈 때문에 하나님을 숭배하는 것이다." (『신국론』, XI,25)

그처럼 신과 사람과 사물을 각각 그 지위에 따라 위계질서에 맞게 사랑하는 일이 신학적 의미에서의 정의이다. '각자에게 그의 몫을 주라'고 하는 그리스 로마의 정의 개념은 아우구스티누스에게 이르러 신학적 정의로 변화된다.

정의가 있을 때에 평화가 있으니, 질서 있는 사랑을 따라 신학적 정의가 충족될 때에 영혼의 평화가 있다. 영혼의 평화, 곧 인간 내면의 평화야말로 참된 평화이고 평화로운 세상을 위한 기초이다. "자유는 정의에서 나오고 노예 상태는 죄 아래에서 생긴다*Libertas a justitia et servitus sub peccata*"(『참된 종교』, II,1,77) 라고 할 때에, 정의는 사랑의 질서가 충족된 상태를 가리키고 죄는 전도된 사랑을 가리킨다.

한편 의지의 왜곡, 곧 전도된 사랑은 존재의 정도를 낮게 만든다. 아우구스티누스는 존재의 정도를 말한다. 신과 피조물은 존재의 정도에서 차이가 난다. 신은 영원히 존재하므로 가장 많이 존재한다. 그래서 존재 자체라고 부른다. 사람은 죽어 사라지므로 존재 자체는 아니지만, 존재 자체인 신과 어울리는 자로서 사물보다는 더 존재한다.

그러므로 사람이 자기보다 더 존재하는 신을 사랑하면 그만큼 존재의 정도가 올라간다. 반대로 인간이 자기보다 덜 존재하는 사물을 신보다 더 사랑하면 존재의 정도가 내려간다. 사람이 신을 향유하고 사물을 이용한다면 더 존재하게 되고, 사물을 향유하기 위해 신과 사람을 이용한다면 덜 존재하게 된다. 그 점에서 "전보다 덜 존재하는 것이 악이다"라고 말할 수 있다(『참된 종교』, XIV,26).

현대인에게 '존재의 정도'란 낯선 개념이다. 있으면 있고 없으면 없는 것일 뿐, 더 있고 덜 있다는 말은 이해하기 어렵다. 그러나 아우구스티누스는 영원한 존재인 하나님을 믿으면서 동시에 세상 만물의 실체성을 믿었기 때문에 존재의 정도를 말할 수 있었다. 실체적으로 존재하지만 시간 안에서 있다가 사라지는 세상 만물보다 시공간을 초월한 영원한 하나님이 최고 존재요, 존재 자체로서 더 존재한다.

그런데 이러한 아우구스티누스의 존재론에는 실존적이고 도덕적인 의미가 들어 있다. 사람이 사물보다 하나님을 더 사랑한다면 더 존재하게 되는데, 그처럼 존재의 정도가 강화된다는 것은 그만큼 존재감 있게 산다는 뜻으로 볼 수 있다. 사물을 더 사랑해서 덜 존재하게 된다는 말은 무에 가까워진다는 말이요, 그만큼 허무해지고 생명력을 잃게 된다는 말이다.

흔히 인간은 존재감 있게 살기 위해서 재물과 권력에 집중한다. 종교생활을 하더라도 마음이 재물과 권력에 있다면 하나님을 부와 명예의 수단으로 삼는 것이 된다. 그것이 죄가 본성처럼 되어 버린 인간의 일생이다. 무에 가까운 재물을 목적으로 삼아 신과 사람을 이용하면 진정한 존재감은 사라지고 삶은 허무해진다. 그것이 영혼의 죽음이다. 아우구스티누스는 육체의 죽음 이전에 영혼의 죽음이 있다고 말한다. 그리고 죄의 세상에서 살다가 마침내 인간은 존재가 없어지고 무가 되니, 그것이 육체의 죽음이다.

3
악은 선의 결핍이다

"어떤 자연본성도 악하지 않으며 악이라는 명사는 선의 결핍 외에 다른 것이 아니다." (『신국론』, XI,4,22)

아우구스티누스는 악을 선의 결핍*privatio boni*으로 본다. 매우 낙관적으로 들리는 이 명제는 자연의 운행과 인간사를 주재하는 선한 초월자에 대한 믿음에서 나온 얘기이다. 아우구스티누스는 악의 정체를 드러내기 위해 능동인과 결핍인의 개념을 사용한다.

'능동인causa efficiens'은 아리스토텔레스의 형이상학적이고 우주론적인 개념으로서 우주를 운행하고 주재하는 힘을 가리키지만, 도덕적으로는 사람의 마음을 움직이는 힘을 가리키기도 한다. '작용인' 또는 '운동인'이라고 부르기도 한다. '결핍인 causa deficiens'은 아우구스티누스가 자신의 신학적 사유를 표현하기 위해 사용한 개념이다.

아우구스티누스 신학에서 인간의 의지를 움직여 선한 행위를 이끌어 내는 능동인은 신이다.

> "모든 선은 하나님께로부터 온다. 자유의지는 중간 선이다. 죄를 지을 수도 있으므로 자유의지도 하나님의 은총을 필요로 한다."(『재고록』, I,9,3)

자유의지로 선을 행할 수 있지만 악을 행할 수도 있다. 선을 행할 수 있다는 점에서 아우구스티누스는 자유의지를 중간 선으로 본다. **중간 선**이란 말은 선의 가능성이라는 의미를 지닌다.

"인간은 그가 인간이라는 사실만으로도 선이니, 본인이 올바르게 살기 바라면 그렇게 할 수 있기 때문이다*Homo enim ipse in quantum homo est, aliquod bonum est, quia recte vivere cum vult potest*." (『자유의지론』, II,1,2)

원한다면 선하게 살 수 있다는 사실, 그것이 인간을 본래 선하게 보는 관점의 일부를 이룬다. 그런데, 선의 가능성을 현실로 바꾸는 것은 인간의 자유로운 책임이다. 선의 가능성인 자유의지는 악의 가능성이기도 하다. 그렇지만 아우구스티누스는 자유의지를 가리켜 중간 악이라고 이르지는 않는다.

그러므로 인간의 자유의지가 선악의 가능성을 모두 지닌다고 해서 선도 아니고 악도 아닌 중립적인 의미로 받아들이면 안 된다.

"영혼의 악은 본성이 아니고 오히려 그 본성에 상반되는 것이다*animae vitium non natura ejus, sed contra naturam ejus est*." (『참된 종교』, XXIV,44)

인간을 본성적으로 선하다고 보려면 자유의지가 선의 가능성을 지니고 있다는 것만으로는 충분하지 않다. 하나님이 인간을 창조할 때에 부여한 자유의지는 적어도 선을 행하기를 좋아하는 성향을 지녔다고 봐야 한다. 그래야만 하나님이 인간을 본래 선하게 만들었다고 하는 아우구스티누스의 말을 수긍할 수 있다. 중간 선으로서의 자유의지도 선의 가능성과 함께 선을 좋아하는 성향을 지닌 의지라고 이해해야 한다.

아우구스티누스의 다음 명제도 본성적 선의 성향이라는 관점을 알려 준다. "확실히 인간 영혼은 본래(본성적으로) 신의 이성에 의존하는 방식으로 신과 연결되어 있다*Humana quippe anima naturaliter divinis ex quibus pendet connexa rationibus*"(『자유의지론』, III,5,13).

그러나 본래의 성향대로 신에게 의지하고 그 은총을 구함으로써 선을 행할지, 아니면 본성을 거스르고 악을 행할지는 인간에게 달려 있다. 선의 성향이 정말 선한 행위와 삶으로 이어지려면 하나님의 선한 힘에 의지해야 한다. 다시 말해서 인간의 선한 의지를 발동시키는 작용인은 사랑인 하나님의 선한 힘이다. 그래서 아우구스티누스는 이렇게 고백한다.

"나의 선한 행위는 당신이 하시는 일이요, 당신의 선물입니다. 그러나 내가 하는 악한 행위는 내 잘못이며 나에게 내린 심판의 벌입니다." (『고백록』, X,4,5)

"사람이 죄를 지을 때 그것을 두고 마음속으로 하나님을 비난할 수 없다. 잘못을 자기에게 돌려야 한다. 한편 사람이 하나님의 뜻대로 행할 때, 그것을 그 자신의 의지에서 나온 것으로 보면 안 된다." (『은총과 자유의지』, IV)

"악에 대해서는 인간의 의지가 선행한다. 그리고 선에 대해서는 창조주의 의지가 선행한다." (『신국론』, XIII,15)

앞선 하나님의 뜻에 인간의 의지가 이끌릴 때에 선이 발생한다. 그렇게 하지 않으면 악이 발생한다. 악한 행위를 하는 인간의 의지는 그 자체로 독립적인 힘이 아니라 실체적으로 존재하는 선, 곧 신의 은총의 힘을 상실하는 것이다. 그것을 가리켜 아우구스티누스는 '결핍인'이라고 한다. 그러므로 악을 만드는 힘, 곧 악의 '능동인'이 따로 있지 않고, 인간이 신의 은총을 입지 않아 선의 힘을 잃을 때에 악이 발생한다.

> "더 낮게 존재하고 또 선을 행하는 점에서는 '작용인'을 가진다.
> 그러나 악을 행하는 점에서는 '결핍인'을 가진다." (『신국론』, XII,7)

여기서 말하는 '작용인'이란 우주적 선, 곧 하나님을 가리킨다. 물론 인간의 의지도 욕구의 대상을 향해 움직이는 자발적 운동*motus*이다. 그런데 선을 행할 때에는 의지를 움직이는 힘이 하나님에게서 나온다. 자유의지가 자발적으로 선을 행하는 것 같아도 신의 선한 힘에 이끌려서 행하는 것이다. 악은 인간의 자발적 의지로 인한 것인데, 그 자발성은 의지의 힘이라기보다는 선한 힘의 결핍이다.

> "아무도 악한 자유의지의 작용인을 찾아서는 안 된다. 힘의 작
> 용*effectio*이 아니라 힘의 손실*defectio*이기 때문이다. 최고로 존재
> 하는 자로부터 덜 존재하는 자 쪽으로 줄어드는 것*deficere*이 악
> 한 의지의 발동이다." (『신국론』, XII,7)

하나님보다 재물을 더 사랑한다면 존재의 정도가 줄어드는 결손이 생긴다. 그렇지만 재물이나 사물 자체는 좋은 것이므로, 그것이 인간 의지를 악하게 움직이는 능동인이거나 작용인일 수 없다. 악의 작용인은 사탄도 아니다. 자유의지의 왜곡으로 발생하는 악의 작용인을 굳이 찾으라면 사람의 자유의지 자체라고 해야 할지 모른다. "우리는 자유의지 자체를 통해 자유의지를 사용한다*ipsa libera voluntate per eam ipsam uti nos posse*"(『자유의지론』, II,18,51).

현대 윤리학에서는 선과 악이 모두 인간의 의지에서 나오는 것으로 본다. 아우구스티누스도 자유의지를 강조할 때에는 비슷한 말을 한다. "의지로 이루어지는 것이 아니라면 죄도 아니고 올바른 행위도 아닐 것이다"(『자유의지론』, II,1,3). 선과 악은 인간의 의지에 달려 있다.

그러나 현대 윤리학이 인간의 의지의 힘에서 선의 기원을 보는 반면에 아우구스티누스는 그렇지 않았다. 아우구스티누스에게 자유의지는 선의 작용인이 아니다. 자유의지 자체는 힘이 아니기 때문이다. 아우구스티누스 신학에서 힘은 선한 하나님에게 속한다. 그러므로 신의 은총을 인간이 자유의지로 받아들일 때에 선이 발생한다.

플라톤과 아리스토텔레스를 거쳐 중세에 이르기까지 네 개의 중요한 덕목이 강조되었다. 절제, 용기, 정의, 지혜인데 이른바 사추덕이라고 불린다. 아퀴나스는 사추덕을 도덕적 덕목이라고 부르고 믿음과 사랑과 희망을 신학적 덕목이라고 불렀다. 그는 신앙 없이 자연이성으로도 도덕적 덕목을 이룰 수 있다고 보았다. 그러나 아우구스티누스는 다르다. 선한 덕은 언제나 신에게 의지할 때에 발생하고 유지된다.

"영혼을 변치 않는 규범의 빛과 덕(하나님)에 결합시킴으로써, 절제와 용기와 정의의 덕이 발생된다. 그리고 그렇게 덕이 주어져도, 계속해서 모방하도록 영혼을 거기에 결합하고 고정시켜야 한다." (『자유의지론』, II,18,52)

인간의 의지는 따로 힘을 가지지 않는다. 우주적 차원의 선한 힘을 발휘하는 하나님에게 힘입지 않으면 악한 행동이 나온다. 악을 발생시키는 의지를 이끄는 힘, 곧 작용인은 따로 있지 않고 하나님의 선한 힘의 결여라고 해야 한다. 악한 힘이 따로 있지 않고 선한 힘의 감소나 결손이 악을 발생시킨다. 악이란 선한 힘이 줄어들거나 사라지는 쪽으로 움직이는 의지의 운동이다. "죄란 결손이다*Defectus est peccatum*." 존재론적으로 표현하자면 덜 존재하게 되는 것이 악이다. 아우구스티누스의 존재 신학에서 악이란 힘이 아니고 힘이 빠진 것이다.

이처럼 악을 선의 결핍으로 본 것은 자기수양의 길을 제시한 측면이 있다. 늘 깨어서 하나님 안에 하나님을 향해 있어야 하며, 그렇지 않은 순간 나도 모르게 마음이 악으로 가 있다. 그러므로 인간은 선에 처하거나 악에 처하거나 둘 중의 하나이며 그 중간은 없다. 과학의 발전 이후에 현대인은 선하지도 않고 악하지도 않은 중간 지대에서 자유로움을 느끼고 풍요를 추구한다. 그러나 아우구스티누스에 따르면 사람이 선에서 멀어질 때에 바로 악으로 기울어진다. 선도 아니고 악도 아닌 중간 지대는 없다.

한편 악을 선의 결핍으로 보는 관점은 인간세상에 난무하는 불의와 폭력에 대항하는 기본 원리를 제공한다. 어둠은 빛의 결핍일 뿐 실체가 있지는 않다. 물론 어둠은 사람으로 하여금 사물을 보지 못하게 하고 추위를 느끼게 한다. 그래서 어둠은 사람에게 영향을 주는 경험적 실재이다. 그렇지만 여전히 어둠은 빛이 없는 것일 뿐 그 자체로 존재론적 실체는 아니다.

마찬가지로 현실에서 상당한 파괴력으로 작용하는 인간의 악은 신의 은총의 빛이 비추어지면 없어진다. 악한 힘은 힘이 아니고 선한 힘을 잃은 결과이다. 그러므로 악한 힘은 굉장해 보여도 힘이 없는 것이다.

이처럼 악을 선의 결핍으로 보면 결국 악을 별것 아닌 것으로 보게 된다. 이것은 아우구스티누스가 죄의 힘을 몰라서 하는 얘기가 아니다. 오히려 그는 원죄론을 통해 인문주의의 성선설과 다른 길을 열고 인간의 악과 세상의 죄에 대해 깊이 있게 통찰한 현실주의자이다.

다만 아우구스티누스는 악은 원래 선의 상대가 되지 못한다고 생각했다. 우주적 차원의 선한 힘인 신의 존재와 그의 역사를 믿었기 때문이다. 인간세상에 악의 힘이 창궐하는 것 같아도 결국 신이 이기고 선이 이긴다. 물론 헤겔과 달리 아우구스티누스는 악에 대한 선의 승리가 인간의 현실과 역사 속에서 완성되리라고 보지는 않았다. 그러나 악을 선의 결핍으로 보는 관점은 적어도 그리스도인 개인으로 하여금 선의 승리를 내다보며 악과의 싸움을 포기하지 않도록 하는 희망을 준다. 아우구스티누스는 한편으로 인간의 죄의 힘이 만들어 내는 비극적 상황을 현실 그대로 보지만, 다른 한편으로 결국 악은 별것 아니요, 아무것도 아님을 안다.

물론 죄로 말미암아 인간세상은 늘 혼란과 고통 속에 빠져 있다. 현실에서 인간의 악은 아무것도 아닌 게 아니다. 의인 에게는 고난이 많고 인간세상에서는 악이 선을 이기는 것처 럼 보인다. 그러나 하나님이 선하므로 인간의 악의 힘은 선의 힘에 비해서 아무것도 아니다. 그런 믿음은 궁극적 낙관주의 에 따른 투쟁의 힘과 역사의식을 가져다준다.

그러므로 악을 선의 결핍으로 보는 관점은 인간사에서 벌어 지는 악의 문제를 해결하기 위한 매우 근본적이고 궁극적인 해결책을 제시하는 셈이다. 폭력의 악순환 때문에 도래할지도 모를 인간사회의 파괴와 인류의 멸망을 벗어날 길을 제시한 다. 그것은 악을 악으로 갚지 말라는 성서의 가르침과 통한다.

악이 실체가 아니고 선의 결핍이라면, 악은 처부술 대상이 라기보다는 선으로 채우면 사라질 대상이다. 마치 어둠을 없 애기 위해서는 빛을 비추는 길 외에 다른 길이 없는 것과 마찬가지이다. 악을 악으로 갚으면 악이 순환되어 결국 악에게 승리를 안겨 주게 된다. 악을 악으로 갚지 않고 신의 은총을 구하며 선한 마음을 잃지 않아야 악은 사라지고 선의 순환이 시작되어 세상을 구할 수 있다.

한편 악을 선의 결핍으로 보는 아우구스티누스의 사유는 비폭력주의로 인도하는 측면도 있다. 초대교회의 평화주의는 근대 이후에 재침례파 같은 그리스도교 소종파들과 톨스토이와 그에게 영향받은 간디를 통해 현대사회에 큰 영향력을 행사했다. 모든 전쟁을 반대하는 평화주의와 국가의 형벌권과 사법제도를 반대하는 무정부주의는 비폭력주의의 한가지 모습인데, 악을 선의 결핍으로 보는 신학적 사유를 극단화한 것이라 할 수 있다.

물론 아우구스티누스 자신은 평화주의자가 아니었고 무정부주의자도 아니었다. 그는 악의 파괴력을 심각하게 느끼고 있었기 때문에 국가의 강제력과 정치의 필요를 인정했고 불가피한 방어 전쟁의 필요성도 인정했다. 그러나 악을 선의 결핍으로 보는 그의 관점은 결국 사랑으로만 세상을 구원할 수 있음을 천명한 것이다.

4
원죄론

아우구스티누스는 자신의 경험과 성서를 근거로 삼아 원죄론을 주장했다. 목회적 차원에서 이루어진 유아세례의 필요성도 원죄론 정립의 배경을 이룬다. 본래성을 잃은 인간본성의 철저한 부패에 대한 아우구스티누스의 사유는 회심한 초창기부터 보이지만 후기에 진행된 펠라기우스와의 논쟁을 통해 깊이를 더하고 다듬어졌다. 아우구스티누스가 죽은 후 100년 가까이 흐른 뒤인 529년에 남프랑스의 도시 오랑주에서 열린 공의회에서 원죄론은 그리스도교의 공식 교리로 채택되었다.

아우구스티누스의 원죄론은 사람을 구제불능의 존재로 보거나 무력하게 만들기 위한 것이 아니다. 오히려 원죄론은, 알지 못하고 짓는 죄로 말미암아 서로 폭력을 주고받는 비극적 상황에 처한 인간에 대한 연민을 드러내고 인간사회의 폭력성을 극복할 희망의 길을 제시하기 위한 것이었다. 유럽은 아우구스티누스의 원죄론에 따라 인문주의와 달리 종교적 신앙을 통한 인간 해방의 길로 들어섰으며, 원죄론에 기반을 둔 그리스도교의 인간관은 서양의 정치철학을 비롯한 유럽 문화 전반에 깊은 영향을 미쳤다.

무엇보다도 원죄론은 관습과 제도에 대한 비판적 시각을 제공했다. 진리를 말하는 교회가 국가권력 위에 있었던 서구의 중세 체제도 국가를 죄의 산물로 보는 아우구스티누스의 원죄론의 영향이 컸다. 그리고 서양사회가 중세를 벗어나 근대로 들어서게 되는 데에도 종교개혁자들을 통한 원죄론이 중요한 역할을 했는데, 그것은 원죄론이 모든 종류의 인간숭배를 죄로 규정하는 비판적 관점 때문에 가능한 일이었다. 서구의 많은 학자들은 그리스도교가 서양에 준 가장 큰 선물로 원죄론을 꼽는다.

원죄라는 말에는 대개 세 가지 차원이 뒤섞여서 사용된다. 우선 원죄라는 개념을 통해 아우구스티누스는 **죄의 필연성**을 말하고자 했다. 다시 말해 원죄란 죄를 짓지 않을 수 없는 인간의 비극적 상황을 가리킨다. 두 번째, 원죄는 **본성의 부패**를 가리킨다. 원죄原罪의 '원原'은 죄짓는 행위의 뿌리와 근원이 되는 본성을 가리킨다. 잘못된 행위 이전에 인간은 이미 본성이 잘못되어 있다. 그래서 아우구스티누스는 인간이 죄의 성향을 타고난다고 말한다. 세 번째로 원죄는 **첫 조상의 타락**을 말한다. 원죄의 '원'이 인류의 조상 아담을 가리킨다. 그래서 아우구스티누스는 사도 바울을 따라 첫 사람 아담 안에서 모든 인류가 타락했다고 말한다. 이 중에서 첫 번째와 두 번째 차원은 긴밀히 연결되어 있으며, 세 번째 차원은 가장 논란이 많은 부분이다. 세 가지 차원을 차례로 살펴보면서 원죄론의 의미에 대해서 알아보도록 하자.

우선, 원죄론은 죄의 필연성을 가리킨다. 인간세상에서 사람은 죄를 짓지 않을 수 없으니, 죄의 노예가 된 인간에게 자유란 없으며 자유의지는 죄를 지을 자유만 남았다. 본성의 철저한 부패 때문에 사람은 선을 알지 못하고*ignorantia* 알아도 행하지 못한다*difficultas*. 세상의 죄를 대속한 그리스도의 은총이 아니면 인간은 죄의 노예 상태에서 해방될 길이 없다. 사랑의 신의 은총에 매이지 않으면 인간은 죄의 권세에 매이게 된다.

아우구스티누스가 원죄론을 통해 인간이성의 무지無知와 무능無能을 말한 것은 플라톤과 아리스토텔레스 그리고 스토아학파 등의 인문주의자들이 이성 능력을 신뢰한 것과 대조를 이룬다. 맹자의 표현을 빌리자면 동서양의 고대 인문주의자들은 인간의 양지양능良知良能을 주장했다. 그러나 그리스도교 신앙에서 볼 때 이성은 그리 믿을 만하지 못하다. 세상이 모두 한 방향으로 잘못 가고 있기 때문에 인간의 양심은 죄를 의식하지 못한다. 부패한 세상 속에서 사람은 다 함께 죄를 짓기 때문에 죄를 죄로 인식하지 못하면서 죄를 짓는다. 그 점에서 아우구스티누스의 원죄론은 세상이 돌아가는 방식에 들어 있는 악을 일깨우는 역할을 한다.

물론 아우구스티누스는 플라톤주의나 스토아학파의 자연법사상을 알고 있었다. 철학자들은 모든 인간의 양심에 새겨져 있는 보편 법이 도덕규범의 근거를 이루고 있다고 보았다. 그들은 인간이 양심에 따라 선악을 구별하고 선을 행할 수 있다고 주장했다. 스토아학파의 경우에는 그리스도교의 경우처럼 만인의 평등을 주장하기도 했다. 그들은 세상에서 벌어지는 인간 차별이 인간의 타락으로 일어난 일이며 본래의 황금시대에는 모든 인간이 평등하며 사유재산으로 인한 빈부격차가 없었다고 주장했다.

그리스도교 윤리가 스토아학파의 영향을 받은 것도 사실이다. 그러나 스토아주의자의 사유는 관습과 제도의 개혁으로 이어지지 않았다. 그들은 인간의 타락을 말했지만 선한 본성이 완전히 부패했다고 생각하지는 않았으며, 따라서 영혼의 자유를 위한 교육과 개인의 수양을 강조했다. 그러나 아우구스티누스는 인간에 대한 인간의 지배와 폭력이 난무하는 세상을 인간 자신의 힘으로 바꿀 수 있다고 보지 않았다. 사람은 평화를 만들 능력이 없다. 서구의 역사에서 실제로 만인의 자유와 평등을 신장시킨 것은 이성의 능력을 믿은 스토아주의가 아니라 아우구스티누스의 그리스도교 신앙이었다.

성서에 따라 아우구스티누스는 인간은 무엇이 좋고 나쁜지를 구분하지 못한 채 모두가 치우쳐 악을 행하고 있다고 보았다. 혹시 인간이성이 진리의 가르침을 받아 선악을 제대로 구분한다고 해도 인간에게는 선을 회복할 실천의 능력이 없다. 고대 인문주의자들이 제대로 알기만 하면 선을 행할 수 있다는 주지주의를 주장했다면, 아우구스티누스는 인간이 알아도 행하지 못한다고 보았다. 인간은 선을 행할 자유의지를 잃고 죄의 노예가 되어 있기 때문이다.

앞에서 본 대로 원래 아우구스티누스는 회심 이후에 마니교의 결정론과 운명론을 벗어나기 위해 인간의 자유의지를 강조했다. 인간에게 자유의지가 있다면 악과 죄는 필연이 아니고 운명도 아니므로, 세상이 선하게 되고 고통이 사라지게 되는 일은 인간의 손에 달렸다. 아우구스티누스가 자유의지를 말하는 부분만 보면 인문주의와 다를 바 없어 보인다.

그러나 자유의지를 가진 인간이 선을 행하려면 하나님에게 순종하여 그분의 선한 힘에 의지해야 한다. 그런데 무질서한 사랑으로 인한 왜곡된 의지 때문에 인간은 자기욕망을 따라가는 죄의 습관에 빠졌다. 습관의 힘은 쇠사슬처럼 의지를 묶어 죄의 노예가 되게 만들었다.

"나는 다른 누구에 의해서가 아니고 바로 나 자신의 의지의 쇠사슬에 의해 묶여 있었습니다. 원수가 내 의지를 지배하여 쇠사슬을 만들었고, 그 쇠사슬에 의해 나는 묶여 있었습니다. 그렇게 된 것은 내 의지가 왜곡되어*voluntas pervera* 육욕*libido*이 생겼고, 육욕을 계속 따름으로 습관*consuetudo*이 생겼으며, 그 습관

을 저항하지 못해 필연*necessitas*이 생겼기 때문입니다.” (『고백록』,

VIII,5,10)

죄의 필연성 문제는 인간본성론이라고 하는 철학적인 주제로 옮겨 간다. 습관이 만든 필연이란 인간의 본성이 바뀌었음을 가리킨다. 다시 말해 인간의 죄의 습관은 **제2의 본성**이 되어 본래의 본성을 대체했다. 이처럼 원죄라는 말에는 본성 자체가 죄에 물들어 있다는 의미가 들어 있다. 본성이 악하게 되었다면 인간에게서 나오는 행위는 모두 악할 수밖에 없다. 그것이 아우구스티누스의 주장이며 인문주의와 그리스도교 신앙이 갈라지는 지점이기도 하다. 그리고 바로 그 지점에서 유명한 펠라기우스와의 논쟁이 시작된다.

펠라기우스와의 논쟁의 핵심을 말하기 전에 먼저 아우구스티누스의 원죄론이 성악설을 가리키지 않는다는 점을 지적해야 할 것 같다. 부패나 타락이라는 말에는 사람이 본래는 그렇지 않았다는 뜻이 들어 있다.

“악의에 의한 부패가 발생하는 곳에는 부패하지 않은 자연본성이 선행한다. … 따라서 악한 의지마저 선한 본성을 보여 주는 큰 증거가 된다." (『신국론』, XI,17)

그러므로 본성의 철저한 부패를 말한다고 해서 원죄론이 성악설을 가리키지는 않는다. 원죄론의 배경에는 신이 창조한 인간의 첫 본성은 선하다는 점이 전제로 깔려 있기 때문이다. 다만 아우구스티누스는 죄의 습관이 굳어져 생긴 제2의 본성이 본래의 본성을 대체했다고 본다. '본래' 인간은 선했지만 '지금'은 선한 본성을 잃고, 습관이 된 악의 성향의 지배를 받아 의지의 자유를 잃었다.

"인간의 본성이 선하지 않다고 말하는 사람은 인간을 만드신 하나님이 선하지 않다고 말하는 것이다. 동시에 사람의 본성에 악이 없다고 하는 사람은 부패된 상황을 구할 구세주를 빼앗아 버리는 것이다." (『결혼과 정욕에 관하여』, II,36,21)

선한 하나님이 인간의 본래적 본성을 선하게 지었으나, 지금은 부패해서 세상 죄를 대신 지신 그리스도의 은총 없이는 죄를 벗어날 수 없게 되었다.

본래의 본성과 제2의 본성의 차이는 '본래'와 '지금'의 차이이다. 본래와 지금이라는 용어는 시간적으로 이해될 수 있다. 이것이 원죄론에서 논란이 되는 이른바 **유전설**의 배경을 이룬다.

아우구스티누스는 인간의 원죄를 설명하기 위해 첫 인간 아담의 타락으로 변해 버린 본성이 후대의 인류에게 유전되었다고 말했다. 그것은 "한 사람으로 말미암아 죄가 세상에 들어오고 모든 사람이 죄를 지었다"(로마서 5:12)라는 성서 구절에 대한 아우구스티누스의 해석이기도 하다. 원조상인 아담에게서 인간의 본래성을 잃어버리는 타락 사건이 발생했고, 그렇게 부패해진 본성이 대를 이어 유전되었다. 그리하여 모든 인간은 죄를 타고난다.

이처럼 원죄original sin는 시간적으로 죄의 시초가 되는 인간의 원조상origin의 타락을 가리키며, 인간은 원조상의 타락한 본성을 물려받아 타고난다. 이런 주장에 대해 펠라기우스의 제자 켈레스티우스Caelestius가 반박했다. 아우구스티누스의 글에 인용된 그의 말은 다음과 같다.

"유아가 죄를 씻기 위해 세례를 받아야 한다는 것을 우리는 받아들일 수 없습니다. 죄가 전달된다는 것도 마찬가지입니다. 그것은 교회의 뜻과 다릅니다. 교회의 뜻에 따르면 죄는 사람이 태어남과 함께 생기는 것이 아니고 사람에 의해 저질러지는 것입니다. 죄는 잘못이요, 본성의 문제가 아니라 의지의 문제입니다. 그러므로 세례의 의미를 통일하기 위해 우리는 그 점을 고백해야 합니다. 더욱 필요한 것은 그 앞에 있는 보호막을 제거하는 일입니다. 그래야 인간이 죄를 짓기도 전에 그 이상한 죄가 본성적으로 인간에게 전달된다고 하는 말이 없어질 것입니다. 그것은 창조주를 비난하는 것입니다." (『원죄에 관하여』, VI)

펠라기우스주의자들은 본성의 타락을 부인한다. 만일 본성이 타락해서 죄를 타고난다면 죄를 지어도 죄가 되지 않기 때문이다. 위의 글에서 '보호막을 제거하는 일'이란 아우구스티누스의 원죄론이 죄에 대한 인간의 책임을 면제해 주는 것을 막아야 한다는 뜻이다. 그래서 그들은 인간이 죄를 타고나지 않으며 죄는 자유의지에 의해 저질러지는 것이라고 주장했다.

죄가 자유의지의 결과라는 것은 아우구스티누스 역시 주장했던 바이다. 그러나 죄가 인간의 책임이라는 측면만큼이나 중요한 것은 인간이 본래의 본성을 잃고 지금은 본성의 타락으로 죄의 노예가 되어 있다는 점이다. 그 점을 설명하기 위해 죄의 본성을 조상에게서 물려받았다는 유전설을 말한 것이다. 아우구스티누스는 말한다.

"적어도 죄의 기원과 죽음의 기원이라는 관점에서 본다면, 최초의 인간으로 만들어진 존재가 후손에게 낳아 준 것은 그가 창조될 때의 모습이 아니라 죄를 짓고 형벌을 받을 때의 모습이다."
(『신국론』, XIII,3)

그러나 펠라기우스는 조상 아담의 죄가 전달되어 한 인간이 죄의 본성을 타고난다는 것은 하나님에 대한 모독이라고 보았다. 펠라기우스주의자들은, 인간은 아담이 죄짓기 이전의 상태, 곧 선택의 자유를 가지고 있는 상태로 태어난다고 주장했다. 타락한 본성을 타고난다면 세상에 태어나는 것이 불행한 일이 된다. 또한 아이가 죄를 타고난다면 결혼하고 가정을 꾸리는 것도 저주스러운 일이 되고 만다고 그들은 주장했다. 그것은 가정을 이루고 아이가 출생하는 것을 선하게 보는 성서에 반한다.

펠라기우스주의자들의 반박에 대해서 아우구스티누스는 결혼과 아이의 출생이 하나님의 뜻에 의한 것임을 부정하지 않는다. 사람은 결혼으로 죄를 짓는 것도 아니고 태어남으로 죄를 짓는 것도 아니다. 다만 인간은 죄의 본성을 타고나서 죄짓지 않을 가능성이 없는 상태에 처해 있다는 것이 아우구스티누스의 일관된 주장이다.

아우구스티누스가 유전설을 통해 말하고자 한 것은 역시 죄의 필연성이었다. 죄의 필연성을 말하려고 본성의 부패를 말하게 된 것이고, 본성이란 타고나는 것이므로 유전설을 말하게 된 것이다.

유전설은 일종의 상징 언어인데, 그 초점은 조상의 타락에 있지 않다. 본성의 타락으로 인해 신악에 대한 인식론적 무지와 실천적 무능에 빠지게 된 인간의 곤궁한 처지를 설명하기 위해 유전설을 끌어들인 것이다. 자유의 남용으로 인류의 조상 아담이 선한 본성을 상실했다*origine depravata*는 얘기는 결국 인간본성의 뿌리 깊은 부패*radice corrupta*를 말하려는 것이다.

　유전설은 인간의 부패한 본성을 조상 탓으로 돌리는 일과 무관하다. 아우구스티누스는 지금 인간이 지니고 있는 악한 본성은 각자의 자유의지의 책임임을 명확하게 밝힌다.

　"부패가 습관적으로 지나치게 심해져서 마치 본성에서 나오는 것 같아도, 그것은 자유의지에서 나온 것으로 봐야 한다." (『신국론』, XII,4)

　"죄의 습관이 나를 거슬러 싸우는 원수가 된 것도 실은 나 때문이었으니, 내가 지금 원하지 않은 상태에 있게 된 것도 결국은 내 의지에 의해 행한 것이기 때문입니다." (『고백록』, VIII,5,11)

　"인간이 그렇게 붙잡히게 된 것도 처음에는 스스로 원해서*volens* 습관화된 것이니 핑계가 될 수 없습니다." (『고백록』, VIII,5,12)

　이렇게 아우구스티누스는 타락한 본성의 책임이 각자에게 있음을 주장한다. 다시 말해서 악한 행위가 인간의 자유의지의 결과일 뿐 아니라, 악한 본성도 자유의지의 결과물이다. 모든 인간본성의 부패를 말하기 위해 악한 본성은 타고난다고 말하고 유전설로 그 주장을 뒷받침했지만, 각 개인에게 책임을 묻기 위해 그러한 부패가 각자의 자유 행사의 결과라고 아우구스티누스는 못 박는다. 그러나 죄의 본성을 타고난다는 말과 타락한 본성의 책임이 각자에게 있다는 말이 어떻게 양립하는가?

아우구스티누스는 인간의 자유의지와 죄의 필연성이 공존하는 역설을 말하는데, 이것은 신의 은총이 없으면 극복할 수 없는 인간본성의 타락을 말하는 동시에 그러한 본성의 타락도 인간 각자의 책임임을 말하고자 하는 것이다.

펠라기우스의 주장과 달리 인간은 타락하기 이전의 아담으로 태어나는 것이 아니다. 아담의 타락 얘기는 모든 인간 한 사람 한 사람의 얘기이다. 자유의지를 지닌 선한 본성으로 창조되었다가 타락하여 철저하게 부패한 본성을 갖게 된 아담의 이야기. 그 이야기 전체가 각 개인의 이야기이다. 아우구스티누스는 이렇게 말한다.

"두 가지가 동시에 발생한다. 본성(자연)과 본성(자연)의 타락이 그것이다. 하나는 선이요, 다른 하나는 악이다. 하나는 하나님의 뜻에서 오는 것이요 다른 하나는 타락한 우리의 기원에서 전염된 것이다. 하나는 높으신 하나님의 선하신 뜻에 그 원인이 있고, 다른 하나는 첫 사람의 왜곡된 의지에 그 원인이 있다."

(『그리스도의 은총과 원죄에 관하여』, 38)

위의 글에는 신화적 언어와 합리적 언어가 혼재되어 있다. 첫 사람의 왜곡된 의지가 전염되었다는 유전설은 신화적 언어이다. 그러나 본성과 본성의 타락이 동시에 발생했다는 것은 비신화화된 합리적 언어이다. 그러므로 아우구스티누스의 원죄론은 **합리적 상징** 언어라고 할 수 있다.

'본성과 본성의 타락이 동시에 발생한다.' 이 문장은 조상 아담의 죄가 후대에 전달된다는 표현이 시간의 전후 문제가 아님을 암시한다. 인간의 본래 선한 본성이 지금은 철저하게 부패해 있다고 말할 때, '본래'와 '지금'의 차이는 역사적 시간의 전후를 가리키지 않는다. 인간은 누구나 매 순간 자유로부터 죄의 필연성으로의 타락을 겪는다.

죄짓지 않을 수 있는 자유의 상태로부터 죄짓지 않을 수 없게 되는 필연성으로의 타락이 매 순간 발생한다. 결국 원죄론은 한 인간의 본래적 가능성과 현재의 불가능성을 실존적으로 표현하며 문제의 원인과 해결책을 개인들 각자에게 묻고 촉구하는 언어이다.

칸트는 『이성의 한계 안에서의 종교』에서 인간의 근본악을 고찰하며 아우구스티누스의 원죄론에 들어 있는 이러한 의미들을 잘 풀고 있다. 거꾸로 말하면 근본악을 설명하는 칸트의 언어와 그 내용의 핵심은 대부분 아우구스티누스의 글에서 찾아볼 수 있다. 칸트는 인간의 '본성의 타락'을 말하고, 뿌리 깊은 악의 성향을 '타고난다'고 말한다. 그리고 타락한 본성도 인간이 지닌 자유의 산물이라고 말한다. 그리고 본래의 선한 본성이 타락하는 것을 시간적 사건으로 보면 안 된다고 주장한다. 이런 주장들은 인간의 본성에 관한 아우구스티누스의 사유를 거의 그대로 본뜬 것이다.

다만 칸트는 본성의 완전한 부패를 말하지는 않았다. 그리스도교 전통의 영향을 크게 받았지만, 죄의 필연성보다는 인간의 자유와 책임에 더 강조점을 두고, "해야 한다면 할 수 있다"고 함으로써 인간이성의 숭고한 도덕 능력을 인정한 근대 정신의 대표자가 칸트이다. 그러나 칸트철학은 인간본성의 부패에 대해 깊이 있게 접근함으로써 영국이나 프랑스의 계몽주의자들과 달리 도학적이고 종교철학적 면모를 지닌다.

아우구스티누스의 유전설이 각 개인의 책임을 면제시키는 일과 무관하다는 점을 위에서 보았다. 그러나 유전설에는 좀 더 풍부한 의미가 들어 있다. 합리적 상징 언어인 유전설에는 죄와 악의 책임을 개인에게 물을 수 없는, 비극적 현실을 표현하려는 의도도 들어 있다. 본성의 부패는 개인의 책임이지만, 그러나 개인의 책임만으로 돌릴 수 없는 측면이 있다. 유전설에 들어 있는 역설적 변증법 때문에 아우구스티누스의 원죄론은 근대 합리주의를 넘어서는 어떤 심오한 의미를 품고 있다.

사실 원죄는 어떤 면에서 한 개인의 죄보다는 세상의 죄를 가리킨다. 그것은 사람들의 삶의 방식에 들어 있는 죄이다. 세상의 관습과 제도 및 고정관념에 어떤 부조리와 폭력이 들어 있다. 사람은 그런 세상을 물려받았고, 다른 사람들을 따라 살아가며 죄로 인식하지 못하는 죄를 짓는다. 아우구스티누스가 말하는 죄의 필연성에는 그런 의미가 있다. 그렇게 보면 개인은 관습과 구조 악의 피해자들이라고 해야 할지 모른다.

물론 개인들도 그러한 구조 악을 만드는 데에 연루되어 있다는 책임이 있다. 모든 인간은 죄의 세상을 물려받았을 뿐 아니라 지금도 그런 세상을 다 함께 지속시키고 있다. 그렇게 하지 않을 수도 있는데, 그렇게 한다. 그러므로 세상의 죄에 대해 개인에게 책임을 물을 수 있다. 앞에서도 보았지만 아우구스티누스의 원죄론은 세상의 악에 대한 개인의 도덕적 책임을 비켜 가지 않는다. "만일 온 백성이 모두 그런 행동을 똑같이 한다고 할지라도 하나님의 법에 의하여 모두 같은 범죄로 심판을 받아야 합니다"(『고백록』, Ⅲ,8,15). 죄의 필연성과 자유의지의 역설적 양립은, 세상의 죄에 개인들 각자에게도 책임이 있음을 표현하기 위한 것이기도 하다.

그러나 어떤 면에서 개인은 부조리한 세상을 물려받았다. 오랜 시간이 흘러 형성된 관습과 삶의 방식 속에서 인간은 태어난다. 한 개인이 자신의 자유를 죄의 힘에 굴복시키는 습관화된 타락은 세상의 관습을 좇아 일어난다. 사람들이 당연하게 받아들이는 제도와 관습 속에 죄가 들어 있다면 누가 거기서 자유로울 수 있겠는가. 물론 인간은 여전히 제도와 관습을 거부할 자유를 가지고 죄를 짓지 않을 수 있다. 그러나 세상 속에서 사는 한 관습에 죄가 있음을 알기도 힘들고, 안다고 해도 세상에서 살기 위해서는 남들을 따라 죄짓지 않을 수 없다.

아우구스티누스는 인간이 사회적 본성을 지니고 있으며 사회 속에서 산다고 보았다. 그런데 사회생활을 영위하는 모든 단위의 집단, 곧 국제사회와 국가, 심지어 가정에 이르기까지 의심과 증오심과 적개심이 퍼져 있다. 그는 죄로 얼룩진 "사회생활의 어두움*tenebrae vitae socialis*"을 말한다.

> "인간사회에는 얼마나 많고 큰 악이 가득 차 있는가. 누가 그 수를 헤아릴 수 있는가? 누가 그 무게를 제대로 달아 볼 수 있는가? … 불의와 의심과 적개심과 전쟁 같은 악이 뚜렷하게 감지되는데, 인간사가 이런 것들로 가득 차 있지 않은가." (『신국론』, XIX,5)

그러므로 유전설을 통해 인간본성의 철저한 부패를 말하고 죄를 타고난다고 말하는 것은 세상에 태어나 사는 한 죄를 지을 수밖에 없는 인간 현실을 염두에 둔 것이다.

그는 재판제도에 대해서 언급하면서 삶의 비극성에 대해 말한다. 재판을 통해 진실이 명확하게 가려지지 않는 경우가 많으며 때로는 왜곡된 증거도 많다. 그 경우에도 재판관은 범죄자를 가려내고 무고한 자를 처형한다. 이런 상황은 재판관 개인의 잘못이기보다는 분쟁을 끝내기 위해 사람을 심판하고 정의를 선언해야 하는 재판제도의 문제이다. 그것을 가리켜 아우구스티누스는 인간의 비참함*miseria hominis*(『신국론』, XIX,5)이라고 부른다. 사람은 제도와 관습 속에서 죄를 짓는다.

그런 점에서 아우구스티누스의 유전설은 한편으로 인간 삶의 방식과 구조에 들어 있는 죄, 곧 세상의 죄를 비판하며, 다른 한편으로는 세상에 사는 한 죄를 피하지 못하고 서로 고통을 주고받는 인간에 대한 연민을 나타낸다.

그리고 원죄론은 인간에 대한 연민에 그치지 않고 적극적으로 새 인간과 새 세상의 희망을 제시한다. 자유와 사랑의 공동체에 대한 희망 안에서 인간은 구원을 받는다. 그 희망은 신의 사랑과 은총에 대한 믿음에서 생긴다.

신은 세상의 죄의 힘과 대립된 사랑의 힘이다. 개인은 인간 세상의 죄의 힘의 지배를 받는다. 그래서 개인은 세상의 죄,

곧 구조 악을 거의 극복하기 어렵다. 그 점에서 인간세상의 죄를 가리켜 초월적 실체처럼 사탄이라고 부른다. 이때에 선과 악의 싸움은 신과 사탄의 싸움으로 표현된다. 세상은 사탄이 아니고 오히려 신의 아름다운 피조물이지만, 타락한 인간세상은 개인을 무력하게 만들며 삶을 파괴하고 인류의 존속을 붕괴시킬 수 있다. 개인이 세상의 죄의 힘을 이길 수 있는 길은 인간을 구원하기 위해 사탄과 싸우는 신의 권세와 은총을 받아들이는 데 있다.

그런데 사탄적인 죄의 힘을 넘어 신의 은총을 받아들이는 믿음은 개인의 결단에 의한 것이다. 여기서 다시 원죄론은 자유와 은총의 양립을 말하게 된다. 죄의 필연성에도 불구하고 세상의 죄에 대한 개인 각자의 책임을 묻기 위해 남아 있는 자유의 차원은 신의 은총을 받아들이는 믿음이라는 결단의 책임을 개인에게 묻는 차원으로 바뀐다.

"죄지은 자도 자기 자리를 가지고 있다. 그는 행복을 죄 중에 잃었으나 행복을 회복할 능력은 잃지 않았다."(『자유의지론』, Ⅲ,5,15)

본성의 타락이 인간 각자에게 책임이 있다면, 이제 타락한 본성을 넘어서서 죄의 노예 상태를 벗어나기 위한 새 인간과 새 세상에 대한 희망의 책임도 인간 각자에게 있다. 사랑의 신에 대한 믿음, 그것이 희망의 근거요, 구원의 원리이다. 타락한 본성에도 불구하고 본성의 타락을 인간 자유의지의 산물로 본다면, 아우구스티누스 신학에서 인간은 여전히 희망의 주체이다. 본성과 본성의 타락이 동시에 발생한다는 명제는 그런 의미를 품고 있다. 그런 점에서 그리스도교의 원죄론에서도 희망은 인간에게 있다. 물론 하나님 때문에 인간에게 희망을 갖는 것이다.

> "어떤 사람이, 자신이 죄를 짓기 이전뿐 아니라 자기 생명이 생기기 이전에 다른 사람의 죄 많은 삶 이후에 만들어진 그 상태에서 존재를 시작했다고 해도, 그는 적은 선을 가진 게 아니다. 창조주에게 감사하자."(『자유의지론』, III,20,56)

죄 많은 세상에 태어나 그 속에서 삶을 시작한다고 하더라도 인간은 여전히 가능성을 지니고 있다.

"조물주가 다른 육적 피조물을 넘어서는 영혼의 존엄성*dignitas animae*을 부어 주시되, 한 영혼이 타락한 그 수준에서 새롭게 출발할 수 있다는 것으로 영혼의 존엄성을 보여 주고자 한다면 어떻겠는가?"(『자유의지론』, III,20,56)

사람은 죄짓지 않을 수 없는 상태에서 삶을 시작한다. 그러나 죄의 노예라고 하는 비참한 수준에서 출발한 인간은 자신을 자유로운 존재로 바꿀 수 있다. '인간의 존엄성'은 바로 거기에 있다. 그리고 그러한 변화는 참회와 믿음이라고 하는 자유로운 결단으로 가능하다.

"참회하는 낮아짐으로 자신의 높음을 되찾는다*poenitendi humilitate altitudinem suam recipit*."(『자유의지론』, III,5,15)

그런데 자유로운 결단인 믿음도 신의 은총으로 가능한 일임을 아우구스티누스는 명확하게 짚고 넘어간다. 신의 은총을 받아들여 참회하고 믿는 인간의 의지는 자연적 의지가 아니고 신의 은총에 의해 변화된 의지이다.

"신앙 자체가 은혜의 선물에 포함되어야 합니다. … 하나님의 자비가 선행하지 않으면 아무도 믿을 수 없고, 그렇게 되면 의롭다 하심을 입을 수 없어 선행을 할 힘을 받을 수 없습니다. 이렇게 은혜가 인간의 모든 공로보다 앞에 옵니다."(『심플리키아누스에게』, 7)

죄짓지 않을 선택의 자유를 가지고 있던 본래의 선한 본성도 신의 은총을 필요로 한다. 그때 필요한 은총은 창조주 하나님의 은총이다. 그리고 자발적으로 본래의 자유를 잃고 죄짓지 않을 가능성이 없는 부패한 본성을 가진 인간은 세상의 죄를 대속한 그리스도의 은총을 필요로 한다. "인간은 자발적으로 넘어졌지만, 그런 식으로 다시 자발적으로 일어날 수는 없다non sicut homo sponte cecidit, ita etiam sponte surgere potest"(『자유의지론』, II,20,54).

자유롭게 죄를 지어 죄의 노예가 되었지만, 그리스도의 은총이 없는 한 자유의 회복은 불가능하다. 지금 인간이 자유롭다고 느끼는 그 자유는 오직 **죄지을 자유**이다. 그것은 자유가 아니라 필연성이다.

참과 선은 오직 하나님의 은총으로 가능하다.

"아무도 은혜를 받기 위해 선행을 하지 않고 은혜를 받았기 때문에 선행을 합니다." (『심플리키아누스에게』, 3)

"우리에게는 자유의지가 있다. 그러나 우리에게 명하시는 그분이 돕지 않으신다면 그 자유의지를 가지고 무엇을 할 수 있겠는가?" (『시편해설』, 139,9)

아우구스티누스의 『고백록』을 읽고 감명을 받은 사람 중에는 펠라기우스도 포함되어 있었다. 그러나 아우구스티누스는 자신의 회심을 말한 8권 이후에서도 하나님의 은총 없이는 어떤 선행도 이룰 수 없다고 고백한다. 다음 구절은 결정적으로 펠라기우스를 격노하게 만들었다.

"나의 모든 희망은 오로지 당신의 크신 자비에만 있습니다. 당신이 원하시는 것을 명하시고, 당신이 명하시는 것을 주소서."
(『고백록』, X,29,40)

펠라기우스가 볼 때에 아우구스티누스의 고백은 도덕적 책임을 회피하는 것이었다. 그러나 아우구스티누스에게는 회개한 그리스도인 역시 스스로 죄의 힘을 이길 자유의지를 갖지 못한다. 인간의 책임을 묻는 면으로 보면 자유의지를 지니지만 선을 이루는 면으로 보면 인간에게는 자유의지가 없다. 하나님에 대한 확신을 갖고 진리를 알았다고 해도 인간은 끊임없이 내적 성장을 해 나가야 하며, 그 일은 하나님의 은총이 없으면 불가능하다.

> "하나님은 우리의 선한 의지에 앞서 선한 의지에 대한 원함이 생기도록 하시고 선한 의지대로 행하도록 하신다. 그런 식으로 우리의 의로운 행위를 도우신다. … 성령을 통해 하나님이 우리 마음에 사랑을 부어 주심으로써 내적 성장을 주시는 것이다."
> (『성령과 문자』, XXV,42)

궁극적으로 희망의 근원은 그리스도의 십자가에서 보여진 하나님의 사랑이다. 사람이 희망이지만 하나님이 희망이다. 하나님 때문에 사람은 희망의 근거이다. 자유와 은총의 역설적 양립은 원죄론이 비관주의가 아니라 희망의 길로 인도하는 것임을 알 수 있다.

그리스도교 역사를 보면 아우구스티누스의 원죄론은 세 가지 기능을 했다고 볼 수 있다. 첫째는 **구조 악**에 대한 사회비판적 기능이다. 원죄론은 세상의 제도와 관습에 들어 있는 죄와 폭력을 드러냄으로써 사회과학적 비판의식을 서구에 제공했다. 구조 악은 사람들이 자연스럽게 받아들이던 노예제도일 수 있고, 가부장제일 수도 있고, 국가 체제일 수도 있다. 실제로 아우구스티누스는 그런 제도들에 들어 있는 폭력성을 언급한다. 비판적 사유가 서구에서 발전한 것은 원죄론의 영향 때문이라고 할 수 있다.

19세기 마르크스의 이데올로기 비판은 원죄론의 전통이 없었다면 나올 수 없었을 것이다. 자신이 처한 계층에 따른 경제적 이득을 위해 무의식적으로 인식을 왜곡하는 인간의 허위의식을 가리켜 마르크스는 이데올로기라고 불렀는데, 그의 이데올로기 비판은 인간이 세상에 살며 자기도 모르게 모두 함께 짓는 죄를 잘 보여 준다.

또한 20세기의 르네 지라르가 비판한 희생양 메커니즘 역시 인간의 원죄를 잘 보여 준다. 지라르는 인간집단이 무고한 희생양을 만들지 않고는 평화를 이루지 못함을 밝혔으며, 희생양 메커니즘이야말로 그리스도교 원죄론의 타당성을 잘 보여 준다고 주장했다.

둘째, 원죄론은 개인의 자기수양을 위한 지침으로 작용했다. 인간이 철저하게 신에게 종속됨으로써 자신을 비우고 신의 뜻을 따르게 만드는 것이 원죄론이다. 인간은 스스로 선을 이룰 수 있다고 여기면 안 되고 하나님의 선한 힘에 의지하고 참여해야 한다. 그것은 인간이 존재 자체인 신에게 참여함으로써 존재하는 것과 같다.

그 결과 원죄론은 자기 자랑의 교만을 억제하며 어떤 형태의 **인간숭배**도 거부한다. 자기숭배나 권력자에 대한 숭배를 배척하는 것은 물론이고, 국가주의 같은 정치 이데올로기적 인간숭배나 역사주의 같은 철학적 형태의 인간숭배와도 원죄론은 비판적 거리를 유지한다.

셋째, 원죄론은 세상의 죄의 힘과 싸우는 전략을 제공했다. 원죄론에 따르면 죄의 힘과 싸우는 주체는 내가 아니고 그리스도여야 한다. 그래서 싸움은 신과 사탄 사이에 벌어지는 것으로 생각해야 하며 내가 악의 힘과 직접 싸우려고 하면 안 된다. 나는 하나님의 싸움에 동참하면 된다. 사탄을 존재론적 실체로 인정하지 않으면서도 아우구스티누스가 사탄이나 악마 같은 용어를 사용하는 까닭은 악의 힘과 싸우기 위한 전략적 필요성 때문이다.

인간세상의 죄의 힘에 사탄이라는 이름을 붙여 인격화된 초월적 실체처럼 여기지 않으면 인간은 하나님을 앞세우지 않고, 자신이 직접 악을 이기려고 한다. 그러나 인간의 힘으로 이길 수 없을 만큼 세상의 죄의 힘은 뿌리 깊고 강력하다. 내가 뒤로 물러가고 그리스도가 앞에서 싸울 때에, 그때에만 오직 증오심 없이 정의를 이룰 수 있으며, 그때에만 비로소 악에게 승리할 수 있다. 원죄론에는 악을 이기고 참된 평화의 세상을 만들기 위한 전략이 들어 있다.

6

아우구스티누스의 정치사상

아우구스티누스는 국가를 **죄의 산물**로 봄으로써 고대 동서양의 인문주의자들과 완전히 다른 국가관과 정치철학을 제공했다. 그렇지만 그가 무정부주의자이거나 반문명적 태도를 취한 것은 아니다. 아우구스티누스는 국가와 정치가 인류를 보존하는 데에 필요하다고 보았으며, 국가제도와 정치권력이 신의 섭리 안에 있는 것으로 보았다.

동시에 아우구스티누스는 국가와 정치의 한계를 확실하게 제시했다. 그는 정치공동체인 국가가 신이 창조한 인간의 본래적 본성에 맞는 자유와 사랑의 공동체가 될 수 없다고 보았다. 그는 정치에 성서적 사랑의 윤리를 적용할 수 없음을 분명히 인식했다.

국가를 최고선의 공동체로 보지 않고 국가의 공권력을 비신성화했다는 점에서 아우구스티누스의 정치사상은 고대 인문주의와 대조를 이룬다. 로마제국이 그리스도교 국가가 되었지만 당시의 귀족들은 그리스도교가 강력한 국가를 만드는

데 방해가 된다는 생각을 하고 있었다.

아우구스티누스의 정치신학은 중세는 물론이고 근대 및 현대의 정치철학에까지 영향을 주었다. 마키아벨리를 비롯해서 홉스와 로크 그리고 칸트와 헤겔에 이르기까지 서구의 정치사상은 현실주의와 이상주의의 양 측면에서 모두 아우구스티누스 신학의 영향을 받았다.

물론 근대의 다양한 정치사상과 달리 아우구스티누스의 신학에서 세상을 바꾸려는 적극적인 노력을 찾아보기는 어렵다. 그럼에도 불구하고 그의 국가관과 정치사상은 인류를 정치 메시아니즘에 빠지지 않게 함으로써 국가주의를 벗어나 개인과 국가의 관계를 새롭게 정립하는 시각을 제공했다. 그 결과 그의 사상은 자유주의를 비롯한 근대 정치사상의 태동에 영향을 주었다. 동시에 그가 제시한 신의 도성, 곧 하나님 나라 개념은 이상적 공동체의 모습을 제시함으로써 인간사회가 변화되고 발전해 나가야 할 기준점을 제공했다.

1
국가와 정치는 죄의 산물

아우구스티누스의 정치사상을 이해하기 위해 혼동하기 쉬운 용어를 먼저 정리해야겠다.

아우구스티누스는 『신국론』에서 인간을 신의 도성에 속한 사람과 땅의 도성에 속한 사람으로 구분했다. 도성이란 말은 나라를 가리킨다.

신국, 곧 신의 도성*civitas Dei*을 가리켜 아우구스티누스는 하늘 도성*civitas caelestis*이란 표현을 쓰기도 하는데, 이것은 성서에 나오는 '하나님 나라'를 가리키는 말이다. 이 땅에 살면서도 마음속으로 하나님께 순종하며 그리스도의 통치를 받아 자유로운 사람들은 신의 도성의 시민들이다. 교회는 신의 도성, 곧 하나님 나라를 지향하는 공동체이고 그 점에서 하나님 나라의 상징이다. 그러나 교인들이 모이는 교회가 곧 하나님 나라는 아니다. 세례받고 교인이 되었다고 해서 그 속마음이 꼭 하나님께 순종하는 것은 아니기 때문이다. 신의 도성은 눈에 보이지 않으며, 장차 역사의 끝에 현실로 도래할 것이다.

땅의 도성*civitas terrena*을 통치하는 것은 사탄이다. 죄의 노예가 되어 하나님을 사랑하지 않고 헛된 욕망에 빠진 사람들이 땅의 도성의 시민을 이룬다. 아우구스티누스는 땅의 도성을 가리켜 사탄의 도성*civitas diaboli*라는 표현도 쓴다.

신의 도성과 땅의 도성은 눈에 보이지 않으며 이 세상에서 두 나라는 공존한다. 역사의 끝인 종말에 이르러서야 신의 도성의 백성과 땅의 도성의 백성이 가려질 것이다.

국가는 신의 도성이 아니지만 땅의 도성도 아니다. 국가를 통치하는 군주는 사탄이 아니다. 그는 질서를 바로잡아 세상을 보존하기 바라는 신의 도구이다. 그리스도인은 국가질서를 존중하면서 국가 너머의 공동체인 신의 도성, 곧 하나님 나라를 바라보고 살아야 한다. 그 점에서 참된 그리스도인들을 가리켜 아우구스티누스는 **순례자**라고 한다. 그들은 안으로는 그리스도의 통치를 받아 자유롭지만 밖으로 군주의 통치를 받아 법의 구속을 받는다. 그들은 국가, 곧 '세상 나라*regnum mundi*'에 살지만 동시에 순례 중인 '신의 도성*civitas Dei peregrina*', 곧 하나님 나라에 사는 사람들이다.

그런데 아우구스티누스의 문헌에서 땅의 도성이란 말을 국가에 적용하여 사용하는 경우도 있다. 그때에 땅의 도성이란 신의 도성과 대립되는 사탄의 도성과는 다른 의미이다. 아우구스티누스에게서 국가는 원칙적으로 신의 도성과 대립되는 공동체는 아니다.

정치사상은 인간집단과 공동체의 역할을 다룬다. 아우구스티누스에게서 인간의 죄와 구원의 문제는 모두 사회생활, 곧 공동체와 밀접히 연관되어 있다. 성서에는 **사회생활**이 인간의 본성을 이룬다고 보는 시각이 들어 있다. 아우구스티누스는 그러한 성서의 관점을 신학으로 정립했다.

"사람이야말로 자기 본성의 법칙에 따라서 가능하다면 모든 사람과 더불어 사회관계를 맺고 평화를 달성하려고 애쓰지 않는가." (『신국론』, XIX,12,2)

하나님이 거하는 거룩한 자리는 개인의 내면이면서 동시에 개인들의 관계로 이루어지는 전체 공동체이다.

"우리는 전체로서 그리고 동시에 개별자로서*simul omnes et singuli* 하나님의 성전이다. 하나님은 우리 모두의 화합 속에 거하시고 동시에 개개인 속에 거하신다." (『신국론』, X,3,2)

그러므로 사회를 중시하지 않고 개인 내면의 평화에만 주력하는 종교나 철학을 아우구스티누스는 비판한다.

"모든 인간관계의 인연을 무자비한 냉정으로 끊어 버리고, 그런 것으로 정신에 감미로움을 채워서는 안 된다." (『신국론』, XIX,8)

시간의 흐름인 역사가 끝난 후에 영원의 차원에서 인간이 살게 될 삶 역시 사회생활의 형태를 띤다.

"성도들의 사회생활*socialis vita sanctorum*이 없다면 신의 도성은 도대체 어디서 오겠는가?" (『신국론』, XIX,5)

신의 도성은 내면의 참된 평화를 가진 개인, 곧 성도들의 상호 관계로 이루어지는 사회이다. 아우구스티누스는 인류의 구원이라는 신학적 주제를 다루며 개인들의 변화와 함께 사회의 변화를 염두에 둔다. 개인 영혼의 평화와 공동체의 평화는 서로 영향을 준다.

아우구스티누스가 말하는 구원의 핵심 개념이 신앙으로 얻게 되는 **자유와 사랑**이라면, 자유는 개인주의적 성향을 보이고 사랑은 공동체주의의 성향을 보인다. 개인주의와 공동체주의가 변증법적으로 통일되어 있는 그의 신학적 관점은 서구의 문화와 철학에 지대한 영향을 미쳤다. 그는 자유와 사랑이 통합된 참다운 평화의 공동체인 신국의 관점에서 세속적 정치 공동체인 국가의 기능과 역할을 비판적으로 분석했다. 그것이 아우구스티누스의 정치사상을 이룬다.

아우구스티누스는 사람이 이루는 공동체로 가정과 국가를 언급한다.

그는 가정을 가리켜 "함께 거주하는 사람들 사이에서 명령하고 복종하는 질서 있는 화합"(『신국론』, XIX,14)이라고 정의한다. 가부장을 중심으로 형성된 명령과 복종의 관계가 질서를 만들어 가정이라는 공동체 생활이 가능해진다. 참된 가부장은 지배하려고 하지 않고 보살피는 마음으로 명령한다. 가정의 평화를 깨는 자는 가부장의 징계를 받는다. 이러한 가정은 하나님의 창조질서에 속한 것이지만 신의 도성과는 거리가 멀다. 가정 역시 명령과 복종의 관계로 형성되어 있기 때문이다.

"하늘의 가정에서는 인간이 인간에게 명령을 내릴 직분이 없다"(『신국론』, XIX,16). 하늘의 가정이란 신의 도성, 곧 하나님 나라를 가리킨다. 장차 도래할 신의 도성에서는 하나님을 아버지로 둔 형제자매처럼 서로를 섬기며 사랑하는 관계가 있을 뿐이다. 거기에는 인간 사이에 명령과 복종의 관계가 없으니, 가부장의 직분도 필요 없다.

그 점에서 그리스도교가 바라보는 이상적 공동체는 가정과도 다르다. 신의 도성은 "하나님을 향유하고 하나님 안에서 서로를 향유하는 더할 나위 없이 질서 있고 완전히 화합된 사회적 결속"(『신국론』, XIX,17)을 이루기 때문이다.

한편 국가는 처음부터 지배 구조로 이루어져 있다. 이른바 통치권력이 국가라는 정치공동체의 핵심을 이룬다. 그는 국가를 "시민들 사이에 명령하고 복종하는 질서 있는 화합"(『신국론』, XIX,16)으로 정의한다. 국가를 구성하는 시민들은 명령과 복종을 기반으로 하는 수많은 집단 형태의 권력관계를 통해 질서와 결속을 확보한다. 맨 위에는 왕이 있다.

그러나 사람은 본래 자유로운 존재이므로 누구에게도 예속되거나 다스림받지 않도록 창조되었다. 그러므로 사람이 사람을 강제하는 권력관계와 사람이 사람을 다스리는 통치권력은 본래 하나님이 원하던 것이 아니다.

"인간이 인간을 다스리라는 것이 아니고 인간이 짐승을 다스리라는 것이었다. 그래서 최초의 의인들이 가축의 목자로 세워졌던 것이지 사람들의 왕으로 세워지지 않았다." (『신국론』, XIX,15)

"본래 짐승을 지배하도록 만들어진 사람이 탐심 때문에 자기와 같은 사람을 지배하게 되었다." (『요한1서 해설』, VIII,8)

인간에 대한 인간의 지배가 국가질서를 이루고 국가를 하나의 공동체로 결합한다. 내부적 권력질서로 형성된 국가는 외부로 팽창하여 이민족을 점령하고 가혹한 통치로 인간을 억압한다. 이처럼 대내외로 형성된 명령과 복종의 권력관계는 모든 인간의 본래적 자유에 비추어 볼 때에 노예의 상태와 다를 바 없다. 이 모든 일은 인간이 죄의 종이 된 데에서 비롯되었다. 국가는 죄의 산물인 것이다.

인간은 하나님에게서 벗어나 사랑의 질서를 잃고 재물과 권력의 종이 됨으로써 갈등과 분쟁 속에 살게 되었다. 그런 갈등 속에서 더 많은 이익을 탐하는 인간들의 의지를 적절히 조정해서 질서와 평화를 만드는 기술이 정치이다.

> "정치는 평화를 구하며 시민들 사이에 명령하고 복종하는 질서 있는 화합을 도모하면서, 사멸할 인생에 속하는 사물들에 대한 인간 의지들 사이에 적절한 조정을 이룬다." (『신국론』, XIX,17)

시민들의 갈등을 조정하는 정치는 법에 따라 이루어진다. 시민들은 형벌에 대한 두려움 때문에 법에 복종하고, 국가권력은 형벌을 줄 수 있는 강제력으로 질서와 평화를 만든다.

> "법은 사람들의 두려움을 이용해서 사람을 구속하고 시민들의 마음을 법이 원하는 쪽으로 향하게 만든다. 국가의 구속력에 상

응하는 방식으로 이익을 추구하지 않으면 더 큰 이익을 상실할 것에 대한 두려움 때문에 시민들은 법을 따른다. 국가라는 사회는 그렇게 성립되는 것이다." (『자유의지론』, XV,32)

아우구스티누스는 현재의 인간이 스스로 자유롭게 질서와 평화를 만들 능력이 없다고 본다. 그래서 사람은 자유를 포기하고 통치자에게 예속됨으로써 평화와 안전을 구한다.

"온 땅의 어디에서나 인간은 사회를 이루고 산다. 인간의 본성대로 유대 관계를 이루며 사는 것이다. 그러나 그 사회들이 대부분 분열되어 갈등 속에 있다. 그리하여 강자가 약자를 누른다. 왜냐하면 모두가 각자 자기의 이익과 탐욕을 좇는데, 모든 사람이 자기가 원하는 대로 얻을 수는 없기 때문이다. 원하는 것을 모두 얻는 사람은 아무도 없다고 할 수 있다. 그래서 서로 갈등을 일으키고 패자는 승자에게 예속되기 마련이다. 그런 예속을 통해 자유를 포기하는 대신 평화와 안전을 보장받는다." (『신국론』, XVIII,2)

신은 사람을 자유로운 존재로 창조했지만, 사람은 죄의 종이 됨으로써 권력자의 종이 되었다. 자유를 포기하고 통치권력에 예속되는 대가로 개인은 질서와 안전을 얻는다. 그 점에서 국가는 하나님의 본래적 창조질서에 속하지 않고 인간의 타락으로 생겨난 공동체이다.

아우구스티누스는 하나님의 '자연적 섭리*providentia naturalis*'와 '의지적 섭리*providentia voluntatis*'를 구분한다. 국가는 자연적 섭리가 아닌 의지적 섭리의 결과물이다. 의지적 섭리란 하나님이 본래 원하지 않았지만 허락한 것이라는 의미를 지닌다. 그러니까 국가는 타락하여 죄의 종이 된 인간의 악을 억제하기 위해 하나님이 허용한 제도이다. 죄의 종이 된 인간의 탐심에서 발생하는 폭력과 악을 눌러 임시방편의 불안한 평화라도 확립해야 인류의 멸망을 막을 수 있기 때문이다. 그래서 생긴 것이 중앙 권력의 억압을 중심으로 질서를 잡는 국가라는 공동체이다.

국가가 하나님의 섭리 안에 있다고 함으로써 아우구스티누스는 국가 체제를 부정하는 극단적 이원론이나 반문명적 태도와 거리를 둔다. 동시에 국가란 본래 하나님이 원하던 공동체가 아니었다는 점을 아우구스티누스는 강조한다. 국가를 이루고 사는 인류는 자유를 누리도록 만들어진 인간 본연의 모습과는 거리가 멀다. 그 점에서 아우구스티누스의 정치사상은 고대 인문주의와 근본적 차이를 보인다.

동서양의 고대 인문주의자들이 모두 그렇듯이 아리스토텔레스는 『정치학』에서 국가를 자연공동체로 보았다. 그에 따르면 인간은 홀로 생필품을 자급할 수 없으므로 서로 협력하는 자급자족의 공동체가 필요해서 국가가 생겨났다. 다시 말해서 국가는 인간의 필요에 의해 자연스럽고 평화롭게 형성된 것이다.

더 나아가 아리스토텔레스는 인간의 도덕적 본성이 국가의 출현을 요구한다고 보았다. 인간은 국가 전체의 이익을 위해 사익을 희생시킬 줄 앎으로써 참인간됨을 완성해 나갈 수 있기 때문이다. '인간은 정치적 동물'이라는 아리스토텔레스의 말은 인간이 본성적으로 국가 안에서 국가를 위해 살게 되어 있다는 뜻이다.

그러나 아우구스티누스는 국가를 인간의 본래적 본성에 맞는 자연공동체로 보지 않았다. 그는 정복과 예속에 의해 국가가 탄생한다고 주장한다. 국가란 백성들이 정복자에 대한 굴복을 받아들여 형성된 것이요, 그러므로 국가의 창시자는 강도떼와 다름없다. 강도떼의 수장은 두목이라고 부르고 국가의 수장은 왕이라는 이름을 붙이는 것이 다를 뿐이다.

"다수의 예속이 그에게 제공되고, 더구나 한 국가나 민족이 그에게 예속되어 마치 자기 집에서 누구나 자기를 섬기듯이 모두가 자기를 섬긴다고 하자. 그러면 그자는 소굴에 숨는 강도가 아니고 의젓하게 왕으로 행세할 것이다. 물론 강도로서의 탐욕과 악의가 고스란히 그에게 남아 있겠지만." (『신국론』, XIX,12,1)

왕도 강도처럼 탐심을 채우기 위해 남을 죽이고 예속시켜 권력을 잡지만 국가의 왕이라는 이유로 법적 제재에서 제외된다.

아우구스티누스는 성서(창세기 5장)의 예를 들어 설명한다. 성서에서 최초의 성곽도시, 곧 국가를 세운 자는 동생 아벨을 죽인 가인이었다(『신국론』, XV,8,1). 성곽을 쌓은 국가는 배타적 집단이며, 가인이라는 말도 움켜쥐는 소유를 뜻한다. 아우구스티누스는 또한 로마의 창건에 로물루스가 레무스를 죽이는 형제 살인이 있었음을 강조한다.

인간사회와 국가 형성의 기원에 살인이 있었음은 요즈음 인류학자들의 설명과도 일치한다. 인류학자들에 따르면 희생양에 대한 집단살해를 통해서 인류는 사회를 형성하고 공동체를 유지할 수 있었다. 여하튼 국가의 기원에 관한 아우구스티누스의 인식은 인문주의자들이 말한 자연공동체나 도덕공동체와는 거리가 멀다.

아우구스티누스는 정치의 핵심에는 남과 평등한 관계를 유지하지 않고 명령하여 복종시키고자 하는 **지배욕**_libido dominandi_이 있다고 보았다. 능력 있는 자를 섬기는 것은 정의로운 일이라는 주장에 대해 아우구스티누스는 묻는다.

"하나님을 섬기지 않는 자에게 무슨 능력이 있는가?"(『신국론』, XIX,2)

국가와 국민을 섬기는 능력을 가졌다고 주장하는 정치인들의 내면에는 남들보다 우위에 서려는 지배욕이 들어차 있을 뿐이다.

플라톤의 철인정치나 유학의 왕도정치에서는 영원한 진리 추구의 열매로 얻은 내면의 덕으로 백성을 교화시키는 사람을 정치인이라고 보았다. 다시 말해서 인문주의자들의 정치는 단순히 악을 막는 일에 그치지 않고 백성들의 선한 품성을 향상시키는 일까지도 포함한다. 그러므로 정치인은 단순히 통치자가 아니라 백성에게 진리를 전하는 스승의 역할도 감당한다.

그러나 아우구스티누스가 볼 때에 인간의 권력의지를 가장 잘 보여 주는 자들이 정치인들이다. 그는 황제나 왕을 포함한 모든 정치인을 가리켜 "하나님의 자리에 들어선 자들"이라거나, "변태적으로 하나님을 흉내 내는 자들"이라고 표현했다. 또는 "평등을 거부하고 남을 지배하려는 오만한 자들"이라고 묘사하기도 했다(『신국론』, XIX,12,2). "본성상 자신과 동등한 사람들을 지배하려는 시도는 도저히 용납할 수 없는 오만이다"(『그리스도교 교양』, I,23,23).

아우구스티누스는 키케로의 주장을 반박한다. 로마의 인문주의자 키케로는 공화정을 염두에 두고 시민들의 동의를 강조했다. 키케로에 따르면 국가*res publica*란 국민의 것*res populi*이며 국민이란 "법에 대한 동의와 이익의 공통성에 의해 사회를 이룬 대중 집단"이다. 공화정 국가의 법적 강제력은 적어도 시민들의 동의에 의해 성립된다는 주장이다. 키케로의 주장은 국가가 정의*justitia*를 구현하기 위해 법*jus*을 제정한다는 점을 전제로 하고 있다.

그러나 아우구스티누스는 국가의 법이 정의를 구현하지 못한다고 반박한다. 그는 참된 정의는 인간이 하나님을 섬길 때에 이룰 수 있다고 본다. 사람이 하나님을 두려워할 때에만 이성적으로 자기욕망을 제어하고 타자와 더불어 정의로운 삶을 살 수 있기 때문이다.

"하나님을 섬기지 않는다면 정신이 육체에 정의로운 명령을 결코 내리지 못하고 인간이성이 악덕에 정의로운 명령을 내리지 못한다. 인간 안에 정의가 없다면 그런 인간들로 구성되는 인간 집단에 어떤 정의도 없으리라는 것은 의심의 여지 없이 분명하다." (『신국론』, XIX.21.2)

결국 사람의 내면이 중요하다. 하나님이 영혼을 다스릴 때에 영혼은 육체의 욕망을 다스릴 수 있고, 그때에 탐심과 시기심이 사라져 지배욕으로 인한 부당한 처사들이 사라지고 정의가 이루어질 것이다. 참된 정의는 목적과 수단을 가릴 줄아는 질서 있는 사랑에서 나온다.

하나님을 최고의 목적으로 삼고 사랑할 때에 인간은 사람을 수단으로 삼지 않고 목적으로 삼으며 사물과 재물을 목적으로 삼지 않고 수단으로 삼는다. 목적과 수단이 뒤바뀌어 시기심과 탐심이 가득한 인간들에게 통용되는 국가법의 정의는 "힘 있는 자의 정의"(『신국론』, XIX,21,1)가 될 것이다. 그 법은 탐심의 임시방편적인 조정에 의한 것으로서 강자의 이익을 반영하기 때문이다.

키케로는 국민이 스스로 법의 구속에 동의한 것이므로 국가는 국민의 것 res populi이라고 말했다. 그러나 현실에서 법은 국민에게 가해지는 구속일 뿐, 국민의 진정한 동의가 있다고 할 수 없다. 그런 면에서 현실 국가는 '국민의 것'이 아니라 인간에 대한 인간의 지배를 받아들이는 '군중의 것 res multitudinis'일 뿐이라고 아우구스티누스는 주장한다(『신국론』, XIX,21,1).

군중이란 스스로 분쟁을 극복하지 못하고 법의 강제로만 질서를 잡을 수 있는 타율적 무리를 가리킨다. 키케로가 국민이란 개념을 법에 스스로 구속되어 자율적으로 자기욕망을 통제하는 개인들의 공동체라는 뜻으로 사용했다면, 아우구스티누스는 국민의 실체를 타율적 무리로서의 군중으로 파악하고 있는 셈이다. 아우구스티누스가 볼 때에 인간은 하나님이 내린 본래의 **사회적 본성**을 잃었다.

> "인간만큼 본성적으로 사회적인 존재도 없고 인간만큼 악에 의해 불화하는 존재도 없다." (『신국론』, XII,28,1)

인간은 남과 협력하기보다는 남과 경쟁하여 우월한 지위에 서고 싶어 하고 남보다 더 큰 이익을 추구한다. 이처럼 인간은 남의 소유에 대한 부러움과 시기심으로 상호 모방 하고 거대한 군중을 이루어 다 같이 동일한 것을 바라기 때문에 경쟁과 싸움이 불가피하다. 경쟁에는 심판이 필요하고 국가는 조정자와 심판자의 역할로 권력을 행사한다.

정치는 공권력을 이용하여 인간의 이기심을 강제로 조정하고 적당한 선에서 남들과 타협하게 만들어 질서와 평화를 이룬다. 그것은 무질서보다 낫지만 그 바탕에는 인간의 불화가 깔려 있다. 국가와 정치는 인간의 불화를 근본적으로 치유할 능력이 없다. 다시 말해서 국가와 정치는 인간의 본래적인 사회성을 회복할 능력이 없다.

아리스토텔레스가 말한 정치적 동물로서의 인간본성은 아우구스티누스의 눈으로 보면 타락한 본성이다. 인간은 본성적으로 사회적 존재이지만 정치는 타락의 산물이다. 타락한 제2의 본성이 선하게 지음받은 본래의 본성을 대체하면서 발생한 것이 정치이고 국가 체제이다. 인간 본래의 사회적 본성은 장차 신의 은총으로 신의 도성에서 완전히 회복될 것이다.

아우구스티누스는 그리스도교의 세례를 받은 콘스탄티누스 대제 이후의 로마에 살고 있으면서도 로마를 찬양하지 않았다. 물론 그는 명예를 중시한 로마의 영웅들에 대해 어느 정도 긍정적으로 평가했고 평화를 위한 로마제국의 역할에 대해서도 긍정하는 면이 없지 않았다. 그러나 당시 스토아학자들의 주장과 달리 로마는 결코 영원한 도시가 될 수 없고 참된 평화를 이룰 수 없다고 아우구스티누스는 주장했다.

오히려 로마는 수많은 전쟁으로 이룩되었으며, 시민전쟁과 동맹 전쟁의 이름으로 수많은 사람을 학살했고, 그러한 전쟁은 그리스도교를 국가 종교로 인정한 후에도 끊이지 않고 벌어졌다. 그 점에서 국가로서의 로마는 여전히 서글픈 인간 현실을 대변해 주고 있을 뿐 결코 찬양받을 존재가 아니다(『신국론』, XIX,7).

아우구스티누스는 그리스도교를 국교로 받아들인 국가라고 하더라도 그리스도교 신앙에 일치하는 공동체라고 생각하지 않았다. 그는 콘스탄티누스 대제의 로마를 메시아 왕국으로 보려는 카이사레아의 주교 에우세비오스의 제국 신학에 반대했다. 그리스도교 국가 역시 정치공동체로서 참된 평화를 이루는 데에 한계가 있고 따라서 국가는 결코 신의 도성, 곧 하나님 나라가 될 수 없다. 제도적 교회가 곧 하나님 나라일 수 없듯이 국가는 더욱이 하나님 나라와 일치할 수 없다. 오히려 그는 로마제국을 '제2의 바빌론'이라고 불렀다.

2
국가와 정치의 필요성

아우구스티누스의 정치사상은 인류가 당연하게 받아들이던 국가 체제와 공권력을 비판하는 길을 열었다. 그러나 다른 한편으로 아우구스티누스는 국가와 정치가 하나님의 뜻 안에서 이루어지는 것으로 정당화했다. 그처럼 주어진 제도와 관습을 당연히 받아들이지 않고 신학적으로 정당화하는 논리 전개의 과정 자체가 정치철학의 발전을 가져왔다.

국가와 정치가 신학적으로 정당화되는 핵심은 '보존' 기능에 있다. 국가와 정치는 인류를 **보존**하는 데 필요하다. 국가의 법은 "물질의 소유를 놓고 사람들이 탐욕으로 애착할 때에, 법에 따라 그것을 소유하라는 것"이다. 그러므로 법은 인간의 탐심을 없애는 데는 무력하지만 탐심으로 인한 무질서와 분쟁을 어느 정도 막아 불완전하나마 일시적인 평화를 만드는 역할을 한다. "그렇게 법에 따라 소유할 때에 평화가 이룩되고 인간사회가 보존된다"(『자유의지론』, XV,32).

그리스도교는 신앙을 통한 자유와 사랑으로 인류를 구원하려 하지만, 일단 보존되어야 구원할 수 있다. 그 점에서 국가와 법의 역할은 매우 중요하다. 법의 강제력 때문에 악이 어느 정도 억제되고 공동체의 붕괴를 막는다. 장차 신의 도성에서는 서로 사랑으로 섬김으로써 완전한 공동체가 형성되지만, 이승의 삶에서는 국가의 법이 "국민을 하나로 묶는다." 법이 이루는 결속은 불완전하여 분열을 안고 있는 것이지만 적어도 만인에 대한 투쟁으로 인한 멸망을 막기 위해 필요하다.

"법은 미숙한 인간들 사이에 평화를 이룩하게 하고 인간에 의해서 통솔이 이루어질 수 있게 한다." (『자유의지론』, I,5,14)

법의 지배는 하나님의 통치가 아닌 인간의 통치이므로 자유와 사랑으로 하나가 된 공동체를 이루지 못하지만 적어도 "상호 공존 하는 데에 필요한 제도"(『그리스도교 교양』, II,39,58)이다. 법의 강제력과 형벌이 없다면 일상의 평화도 없을 것이다. 부패한 본성을 지닌 인간들이 서로 싸워 망하는 쪽으로 가지 않고 일단 공존하도록 하는 기술과 제도가 정치와 법이며, 그리스도인들도 국가의 법을 지켜야 한다. 국가와 정치는 인간을 구원하지 못하지만 보존한다.

악을 억제하는 국가의 기능 때문에 아우구스티누스는 국가에서의 형벌을 죄의 치료*remedium peccati*로 보기도 한다. 형벌을 통해 악을 제거함으로써 사회 전체를 살리는 행위는 환부를 도려내어 몸을 낫게 하는 치료 행위와 유사하다. 동시에 범죄가 저질러지지 않도록 예방하는 국가권력의 역할을 치료 행위로 볼 수도 있다. 이것은 국가법이 범죄 행위의 결과로 초래될 형벌을 알려서 심리적 압박을 통해 범죄 의지를 스스로 거두도록 만드는 현상을 가리킨다. 그런 식으로 국가의 공권력은 사람이 도덕적으로 살도록 강제하는 역할을 할 수도 있다.

물론 법의 강제력이 갖는 치료 효과는 피상적이다. 법은 행위를 규제하지만 인간의 내면까지 규제하지는 못하기 때문이다. 형벌에 대한 두려움으로 인간의 범죄 의지가 억눌린다고 해도 인간 내면의 근원적 죄의 힘이 사라지는 것은 아니다. "벌에 대한 두려움이 아니라 의로움에 대한 사랑으로만 사람은 선하게 된다"(『서신』, 153,6,16). 국가법으로 사람을 선하게 만들 수 없으므로 국가 안에서 인간의 불법행위는 끊이지 않고,

법에 어긋나지 않는 방식의 부도덕한 행위가 난무한다.

그 점에서도 아우구스티누스의 정치사상은 인문주의자들과 다르다. 아리스토텔레스는 『니코마코스 윤리학』에서 국가법이 인간 내면의 도덕적 심성을 향상시키는 역할까지 감당해야 한다고 보았다. 이런 견해는 힘이 아닌 덕으로 정치해야 한다고 본 동서양 고대 인문주의에서 공통적으로 찾아볼 수 있다. 그러나 아우구스티누스는 인간의 도덕성 향상은 정치의 역할이 아니라 교회의 역할로 보았다. 인간 내면의 성장은 법적 강제력에 의해 이루어지는 것이 아니기 때문이다.

국가는 악한 행위를 처벌하고 인간의 범죄 의지를 억제한다는 점에서 평화를 만드는 중요한 기능을 한다. 그러나 인간사회의 참된 평화를 위해서는 개인 내면의 평화가 필요하며, 국가법이 요구하는 도덕성보다 더 높은 도덕성이 요구된다. 그리고 기본적으로 국가는 도덕공동체가 아니므로 도덕성을 개선하는 것은 국가의 역할이 아니다.

이러한 아우구스티누스 사상의 영향으로 중세 서구에서는 도덕성의 기준을 설정하고 도덕적 행위를 유도하는 역할은 교회가 맡았다. 서구에서 교회법이 발달한 까닭은 거기에 있으며, 교회는 부도덕한 행위에 대한 재판관할권까지 갖게 된다. 국가가 불법을 처벌한다면 교회는 부도덕을 처벌했다. 물론 부도덕과 불법 사이에 겹치는 부분이 있기 때문에 시민들은 교회와 국가 중에 한 곳을 선택해서 재판을 받는 경우도 있었다.

여하튼 악의 억제를 통한 국가의 보존 기능은 인간의 구원에 기여한다는 점에서 매우 중요하다. 국가질서는 하나님 나라를 추구하는 백성들에게도 도움이 된다. 다시 말해서 국가의 법적 강제력은 종의 멸망을 막고 인류를 보존함으로써, 믿음을 가진 사람들이 자유와 사랑의 공동체인 하나님 나라를 바라보며 살아갈 수 있는 평화의 장을 제공한다.

결과적으로 국가는 하나님 나라를 위해 **수단적 가치**를 지닌다. 그러므로 그리스도인도 세상 나라인 국가를 존중해야 한다. 하늘의 평화를 추구하는 자는 분열을 안고 있는 세상의 평화에 만족하지 않지만, 외면적 평화를 귀하게 알고 국가의 공권력과 법에 순종해야 한다.

"땅의 도성에서 마치 포로처럼 나그네살이를 하는 동안에는 땅의 도성의 법률, 살아가는 데 필요한 사물을 관리하는 법률에

순종해야 하는 것은 의심의 여지가 없다."(『신국론』, XIX,17)

"종교를 방해하지 않는 한, 하늘 도성은 이 풍속이나 제도나 법 어떤 것도 폐기하지 않으며 오히려 보존하고 따른다."(『신국론』, XIX,17)

그리스도인은 **국가법**과 일반 도덕이 강제하는 수준을 넘어 '하나님을 사랑하고 이웃을 자신처럼 사랑하라'는 **영원법**을 따르는 자들이다. 그들은 높은 도덕성을 갖춘 자들로서 남을 해칠 사람들이 아니며 따라서 법의 심판을 두려워하지 않는다. 그 점에서 그리스도인은 법의 강제력으로부터 자유로운 자들이다.

그러나 공권력을 통해 세상이 보존되기를 바라는 신의 뜻에 순종하는 마음으로 그리스도인들도 법을 지키고 국가에 협력해야 한다. 아우구스티누스는 모범적인 그리스도인은 모범적인 시민이 되어야 한다고까지 주장했다. 군주에게 순종함으로써 하나님에게 순종한다. "하나님은 인간이 누리는 모든 권리를 이 세상의 황제나 왕들을 통해서 사람들에게 주셨다"(『요한복음 해설』, VI,25).

통치권력에 대한 순종은 권력자에 대한 순종이 아니라 권력의 기능에 대한 순종이다. 권력의 기능에 대한 순종이란 정치권력을 통해 인류를 보존하기를 바라는 신의 뜻에 순종하는 것을 가리킨다.

군주에 대한 순종은 때로 독재자에 대한 순종으로 나타날 수도 있다. 독재자는 하나님이 준 권력을 잘못 사용하는 자이다. 그러나 비록 정의롭지 않은 공권력이라고 할지라도 훈련의 기회로 삼고 순종할 필요가 있다고 아우구스티누스는 말한다. 부당한 억압을 참는 일을 통해서 선한 심성을 더욱 정화할 수 있기 때문이다. 영원한 신의 도성을 바라보며 순례의 길을 가는 그리스도인들은 부당한 정치권력의 압제를 통해서도 신에 대한 믿음과 소망을 강화시킨다.

그러나 순종에는 한 가지 예외가 있다. 독재자가 종교 문제에 개입할 때이다. 그것은 하나님에게 정면으로 대항하는 것이므로 그리스도인은 순종하지 않아야 한다. 아우구스티누스는 박해자 율리아누스를 예로 들어 말한다. 콘스탄티누스 대제 이후 시대임에도 불구하고 율리아누스 황제는 로마제국의 군대에 우상숭배를 복원했다. 그러나 아우구스티누스는 황제의 명에 따라 군복무를 하더라도 우상숭배는 거부하라고 가르친다.

다만 그때의 불순종은 수동적 저항을 가리킨다. 우상숭배를 거부했을 때에 닥칠 박해를 당하라. 이런 태도는 초대교회의 일관된 저항 방식이기도 하다. 악을 거부하되 폭력을 사용하여 대항하지는 않는 순교의 윤리이다. 부당한 국가권력의 잘못을 분명히 지적하고 따르지 않되, 폭력으로 맞서지는 않는다. 일종의 수동적 저항이라고 할 수 있지만, 박해하는 자에 대한 증오심을 갖지 않고 죽음을 무릅쓴다는 점에서 매우 능동적이다.

이것은 악을 악으로 갚지 않는 방식의 하나로서 **폭력의 악순환**을 막는 현실적인 대안이다. 그 점에서 독재자에 대한 굴복과는 전혀 관계가 없다. 이른바 수동적 저항은 평화를 위한 영적이고 능동적인 싸움으로서, 인간세상의 폭력적 죄의 힘, 곧 사탄의 권세로부터 인간과 세상을 구원하려는 성서적 관심에 바탕을 두고 있다.

물론 불의한 권력을 대하는 아우구스티누스의 태도에서 현대적 의미의 저항권이나 시민 불복종 운동 같은 것을 찾아볼 수는 없다. 인류는 오랜 세월 무질서를 매우 두려워했고, 아우구스티누스도 마찬가지이다. 그럼에도 불구하고 분명한 것은 국가와 정치는 자유인인 그리스도인들에게 이차적이고 보조적인 의미를 지닌다는 점이다. 따라서 불의한 국가권력이라도 그에 협력하라는 아우구스티누스의 가르침은 공권력의 비신성화를 전제로 한 말이다. 국가주의나 정치적 메시아니즘과는 거리가 멀다.

여하튼 아우구스티누스에 따르면 인간은 두 나라를 동시에 살아야 한다. 그리스도인은 하나님 나라의 시민으로서의 역할과 세상 나라인 국가의 시민으로서의 역할을 모두 수행해야 한다.

"이 생애에서 당분간 성실하게 인류의 사회생활에 맞추어 살면서 영원한 것을 명상하고 하나이신 하나님을 경배한다." (『참된 종교』, X,18)

이것은 세상의 보존과 관련해서 책임 있는 자세로 국가법에 따라야 함을 의미한다. 국가 공권력에 대한 순종은 국가 자체가 목적이기 때문이 아니라 국가가 마련하는 질서와 평화를 이용하기 위해서이다.

> "현세 생활에서 그 평화를 간직하는 것은 우리에게 유익함을 준다. 두 도성이 혼재하는 동안 우리도 바빌론의 평화를 이용하기 때문이다." (『신국론』, XIX,26)

세상 나라인 국가가 제공한 평화, 곧 외부적이고 불완전한 평화를 이용하여 각자의 내면에서 하나님 나라의 평화, 곧 자유와 사랑에 의한 완전한 평화를 지향하고 실천한다. 국가의 평화를 이용하기 위해 국가의 공권력에 순종하고 정치가 잘 이루어지도록 관심을 가져야 한다.

> "하늘 도성도 이 순례의 길에서는 지상 평화를 이용하고, 신심과 종교심에 의해 허용되는 한, 삶에 필요한 사물들에 대해 인간 의지들 사이에 이루어지는 적절한 조정을 보호하고 추구하며 땅의 평화를 하늘의 평화로 귀결시킨다." (『신국론』, XIX,17)

국가의 평화가 신의 도성을 위해서도 필요하다면, '인간 의지들 사이에 이루어지는 적절한 조정', 곧 정치가 잘 이루어질 수 있도록 그리스도인도 관심을 가져야 한다. 상호 갈등 하고 충돌하는 집단적 이해관계에 대한 조정이 정의롭게 이루어지도록 돕고, 부름이 있으면 정치와 공직에 참여하기도 한다. 직무를 맡으면 그걸 통해 남에게 유익이 되게 사용하되, 지휘하는 걸 좋아해서는 안 된다.

"짐이 지워진다면 사랑에서 우러나는 필요 때문에*propter caritatis necessitate* 그 짐을 받아들이는 게 마땅하다."(『신국론』, XIX,17)

아우구스티누스는 신앙심을 가진 황제들이 신을 두려워하는 마음으로 통치하는 것을 높이 평가했다. 인문주의자들의 덕의 정치와는 또 다른 각도에서 아우구스티누스는 로마의 통치자들이 신의 뜻을 받들어 그리스도교 정신으로 일하기를 바랐다. 다시 말해서 그는 그리스도교가 세상과 국가의 도덕성을 향상시킬 수 있다고 보았고 그러기를 바랐다. 그 점에서 그는 로마가 그리스도교 국가가 된 것이 하나님의 섭리라고 여겼다. 그는 이렇게 탄식했다.

"로마가 우리 종교(그리스도교)의 가르침에 귀를 기울인다면, 그 리스도교는 로마의 역사에 등장하는 로물루스나 누마나 브루투 스나 그 누구보다도 로마를 공고하게 하고 거룩하게 만들며 강 하게 만들며 로마의 지경을 넓힐 텐데." (『서신』, 188,2,10)

물론 아우구스티누스는 정치에 참여하는 일보다 진리를 관 조하며 자유와 사랑의 삶을 사는 일을 더 중요하게 보았다. 정치가 도덕적으로 이루어지기 쉽지 않다는 판단 때문이다. 어떤 면에서 그리스도인은 세상에 완전히 정착한 자가 아니 라 신의 도성을 향해 가는 순례자이다. 그 점에서 아우구스티 누스의 정치사상을 일종의 정적주의로 평가하는 학자들도 있 다(H. Dean).

그러나 아우구스티누스는 그리스도교 신앙이 세상의 평화 에 공헌하기 바랐고 이 땅의 삶에서 하나님 사랑과 이웃 사랑 의 덕을 실천해야 한다고 주장했다. 그는 하나님을 경외하고 사랑하는 그리스도교 신앙으로 도덕 정치가 이루어지기를 바랐다. 국가가 신의 도성이 될 수는 없지만, 순례자인 그리스도인들도 세상 정치에 어느 정도 책임적 자세로 임해야 한다.

그리스도인들은 국가와 정치가 만든 세상의 질서와 평화에 감사하면서 더 큰 악을 막기 위해 모든 사람과 공동체적 유대 관계를 맺어야 함을 아우구스티누스는 분명히 말한다. 그리스도인은 결코 일반 시민과 분리된 사람들이 아니다. 이런 점은 아우구스누스의 정치철학이 영혼 구원을 위해 세상에 등을 돌리는 이원론적 종교와 다름을 분명하게 보여 준다. 그 점에서 아우구스티누스의 정치신학은 국가권력 비판의 기원을 이룰지언정 정적주의와는 거리가 멀다(R. Markus).

법적 정의의 실현은 질서와 평화를 위한 국가의 중요한 역할이며, 그리스도인들도 국가의 국민으로서 형벌을 통한 법적 정의의 실현에 동참해야 한다. 다만 아우구스티누스는 법적 정의를 실현할 때에 수반되는 증오심을 경계했다. 그리스도인들이 국가의 시민이면서도 하나님 나라의 시민으로 보여야 할 태도 중의 하나가 증오심 없이 정의를 실현하는 일이다.

이것은 사랑의 윤리를 실천하는 문제와 관련이 있다. 그는 어떤 경우에도 개인 내면의 정숙함과 인간에 대한 사랑을 잃지 말 것을 요구했다. 그러한 태도는 "악을 징계하되 죄는 짓지 말라"는 그의 말로 요약될 수 있다. 정의를 실행할 때에 증오심을 가지고 죄인을 처벌하면, 그것은 죄를 짓는 것이다.

시민 생활을 영위하는 한 그리스도인들도 자신의 권리를 지키고 정의를 회복하기 위해 소송을 통해 법으로 죄인을 징계하는 일이 필요하게 된다. 그런데 그 경우에도 복수심이나 증오심에 휩싸이면 죄를 짓는 일이 된다. 그러나 개인이 가해자에 대해 보복심 없이 평정심을 유지하거나 나아가 사랑의 마음을 품기는 매우 어려운 일이지 않은가. 하물며 국가 간의 전쟁에서도 탐심과 증오심을 가져서는 안 된다고 주장하는 아우구스티누스의 주장은 현실감각이 없는 이상주의자의 설교로 들린다.

그래서 아우구스티누스의 정치사상은 단순한 현실주의가 아니다. 아우구스티누스는 국가 공권력이 법의 강제력을 통해 불완전하나마 정의로운 제재를 가할 필요성을 현실적으로 인정한다. 그러나 동시에 정의 실현의 과정에 주관적 감정의 절제가 따라야 함을 요구한다. 그것은 인류공동체의 불화와 파멸을 막기 위한 신학적 통찰에서 나온 가르침이다. 증오심을 버리라는 아우구스티누스의 주장은 정의의 이름으로 벌어지는 폭력의 악순환을 **평화의 선순환**으로 바꾸려는 그리스도교 윤리의 특징을 잘 보여 준다.

그리스도교가 로마의 종교가 되면서 타락했다고 주장하는 학자들이 있다. 그들은 그리스도교가 로마의 국교가 되면서, 그리스도교가 로마를 흡수하지 않고 로마가 그리스도교를 흡수했다고 주장한다. 그런 비판은 어느 정도 아우구스티누스를 겨냥한 면도 있는 것 같다. 아우구스티누스의 정치사상을 평가할 때에 그가 국가권력을 정당화했다는 점이 비판의 대상이 될 수 있다.

완전한 평화주의의 시각에서 보면 국가란 내적으로 물리적 형벌을 통해 사람을 제재하고 외적으로 전쟁을 통해 인간에 대해 배타적 폭력을 휘두르는 기관이다. 국가권력의 기능을 하나님의 섭리로 본 아우구스티누스 신학은 국가 체제와 타협하면서 평화주의 정신을 훼손한 셈이 된다.

그러나 아우구스티누스의 국가관은 성서에 나오는 사도 바울의 가르침과 일맥상통한다. 무엇보다도 아우구스티누스는 인간의 죄와 폭력성을 심각하게 보고 이상주의적 비폭력 평화주의의 길을 가지 않았다. 그는 인류가 보존되기 위해서는 만인에 대한 만인의 투쟁을 막을 수 있는 힘이 필요하다고 보았으며, 국가의 사법제도를 중요하게 보았다. 그 점에서 아우구스티누스는 **정치적 현실주의**의 기원을 이룬다.

그렇다고 해서 아우구스티누스의 정치사상이 현실주의로만 규정될 수는 없다. 그는 국가권력을 당연하게 받아들이던 당시의 인문주의자들과 달리 국가 체제의 억압적 성격을 지적하고 국가를 죄의 산물로 보았다. 인간의 자유를 위한 국가의 역할은 제한적이며, 사랑으로 서로를 섬기는 신의 도성을 바라보는 그리스도인들에게 국가는 언젠가는 극복될 공동체였다. "일체의 지배와 권세는 없어지고 하나님이 모든 것 안에서 모든 것이 될 때가 올 것이다"(『신국론』, XIX,15). 그러므로 아우구스티누스의 현실주의는 국가보다 더 나은 인간 공동체로 나아가는 기초 환경을 조성하기 위한 것이다.

아우구스티누스에게서 국가는 장차 도래할 신의 도성, 곧 이상적 공동체를 위해 필요한 것이다. 다시 말해서 국가 체제를 정당화한 그의 현실주의는 이상주의를 위한 수단으로서의 역할을 하는 것이다. 이상적 공동체에 대한 꿈이 인간 현실의 죄의 힘에 의해 짓밟히지 않도록 그는 현실주의적 태도를 취했던 것이다. 그러므로 아우구스티누스의 정치적 현실주의는 이상주의와 결합되어 있고, 그의 이상주의가 현실을 도외시하는 공상이 되지 않게 만들었다.

아우구스티누스가 현실주의적 태도를 버리지 않고 있었기 때문에 그의 이상주의는 세상을 부정하는 극단적 이원론으로 가지 않았다. 마니교의 경우에는 영혼의 순수한 자유를 추구하며 국가 체제를 전면 부정 함으로써 세상을 부정하는 비관주의 세계관을 가지고 있었다. 비관주의의 이원론은 현실의 변화를 가져올 수 없다.

아우구스티누스는 삶과 세상을 본래 아름다운 곳으로 보는 원초적 긍정을 바탕으로 국가 체제도 나름대로 아름답다고 보았다. 그리하여 그리스도교는 국가라는 공동체의 구성원으로 남아 있게 된 동시에 국가보다 자유롭고 평등한 공동체를 추구함으로써 국가 체제 속의 억압적 요소를 차츰 제거해 나가는 동력을 제공했던 것이다.

도나투스파와 투쟁하며 정립한 아우구스티누스의 교회론 역시 그의 정치사상의 일면을 보여 준다. 도나투스파는 교회를 세속으로부터 오염되지 않은 순결한 곳이라고 생각했다. 그래서 세상이나 국가권력과 분리되어 순결한 자들이 모이는 곳을 교회라고 여겼다. 그러나 아우구스티누스는 그리스도의 교회를 죄 많은 세상을 끌어안고 가는 곳으로 여겼다.

그는 그리스도인을 정결한 자로 여기기보다는 용서받은 죄인들로서 세상에 용서와 사랑의 힘을 확장시키는 자들이라고 생각했다. 그는 분리주의자가 아니라 인류가 하나가 되기를 바란 궁극적 평화주의자였다.

> "인류가 아담 한 사람의 조상에서 시작된 것은, 곧 인류가 하나가 되어야 함을 가리키는 것이 아니고 무엇이겠는가*Quare ab uno genus humanum inchoatur, nisi quia generi humano unitas commendatur?*" (『설교』, 268,3)

사랑으로 하나가 되도록 모범을 보이며 동력을 제공하는 공동체가 바로 교회이다. 아우구스티누스의 국가 비판은 순결주의와는 전혀 관계없다는 점에서 세상을 변화시키는 운동력으로 작용하게 된다.

국가를 인간에 대한 인간의 지배 체제로 비판하면서도, 악을 규제하고 불완전하나마 평화를 만든다는 점에서 국가질서에 나름의 아름다움이 있다고 본 아우구스티누스의 정치철학이야말로 국가 공권력에 대한 '건설적인 비판'을 이루었다고 할 수 있다. 실제로 아우구스티누스의 사상은 서구 역사에서 공권력 비판에 큰 영향을 미쳤다. 국가와 정치의 필요성을 인정하면서도 그 한계를 명확하게 지적했다는 점에서 그의 정치사상은 근대 민주주의에 이르기까지 서양사회의 정치 개혁을 위한 동력을 제공했다.

오늘날 세속화된 현대사회에서 국가의 정책과 정치는 개인의 삶 전반을 결정하는 큰 영향력을 갖게 되었으며, 각종 정치 이데올로기를 통해 이 땅에 자유롭고 평등한 사회를 건설하려는 경향이 두드러졌다. 서구에서 등장한 이러한 역사 내재주의적인 정치사상은 아우구스티누스에게 받은 영향을 드러내는 동시에 아우구스티누스의 사상과는 전혀 다른 모습으로 귀결된다. 헤겔의 사상이 그러한 면을 잘 드러낸다.

근대의 인문주의자인 헤겔은 고대 인문주의자들이 사용한 최고선이라는 말 대신에 자유와 사랑의 개념을 사용하여 국가를 정의했다. 개인주의적인 근대의 사회계약론을 비판한 헤겔에게서 국가란 자유의 이념이 현실화되어 권리와 의무가 일치하는 일종의 사랑의 공동체이다. 자유와 사랑의 결합은 아우구스티누스가 이상적 공동체로 제시한 신의 도성을 닮았으며, 사실 헤겔의 국가 개념은 아우구스티누스와 루터의 **하나님 나라** 개념을 세속화한 것이다. 그만큼 헤겔의 사상에는 그리스도교의 영향이 짙게 배어 있다.

그러나 헤겔은, 하나님 나라가 정치공동체인 현실 국가에서 실현될 수 있다고 보았으며, 그 점에서 아우구스티누스의 정치철학과 다르다. 헤겔처럼 국가를 하나님 나라와 동일시하는 정치 메시아니즘이 얼마나 위험한지는 히틀러의 국가사회주의의 출현을 통해 알 수 있다. 헤겔의 영향을 받아 하나님 나라를 기다리지 않고 역사 속에서 실현하겠다고 나선 마르크스·레닌주의의 억압적 공산주의 체제도 역사 내재주의의 위험을 교훈으로 남겨 놓았다. 아우구스티누스의 정치사상은 제1, 2차 세계대전의 참극과 공산주의의 몰락 이후에 다시 중요하게 조명되고 있다.

7

의로운 전쟁론 또는 정당한 전쟁론

17세기의 흐로티위스 이래로 현대사회에서 '의로운 전쟁론'은 전쟁을 억제하기 위한 국제법의 도덕원리로 작용하고 있다.

흔히 아우구스티누스를 가리켜 의로운 전쟁론의 아버지라고 부른다. 물론 아우구스티누스 이전에 플라톤과 아리스토텔레스도 국가에서 치르는 전쟁을 정당화하는 논리를 전개했다. 로마의 스토아철학자 키케로 역시 자연법과 관련해서 의로운 전쟁론을 펼쳤다. 아우구스티누스는 청년 시절에 키케로의 『호르텐시우스』를 읽고 크게 감동받았고, 그 이후에도 키케로의 작품에 어느 정도 영향을 받았다.

그는 키케로를 '인류 역사상 가장 박식하고 뛰어난 사람' 중의 하나로 평가했다. 그리고 전쟁의 정당성 문제에 대해서도 키케로의 주장을 잘 이해하고 있었다. 밀라노의 감독 암브로시우스 역시 아우구스티누스의 의로운 전쟁론에 영향을 주었다.

그럼에도 불구하고 5세기 이후 근대의 흐로티위스에 이르기까지 서구에서 발전된 의로운 전쟁론이 아우구스티누스 사상에 그 뿌리를 두고 있다는 점을 학자들은 인정한다. 중세의 학자들이 덜 잔인한 전쟁의 방도를 구할 때에 아우구스티누스에게 의지했다. 중세 신학자 아퀴나스도 정당한 전쟁의 조건을 말할 때에 아우구스티누스를 거의 그대로 인용한다. 그리고 근대 국제법의 아버지로 불리는 17세기의 흐로티위스는 『전쟁과 평화의 법』에서 아우구스티누스의 의로운 전쟁론을 수십 번 인용하며 참고하였다.

그 점에서 아우구스티누스를 의로운 전쟁론의 아버지라고 부를 만하다. 그의 의로운 전쟁론은 이전의 이론들과 일치되는 부분이 많지만, 그리스도교 신앙의 관점에서 독특한 면모를 보이기도 한다.

1

불가피한 전쟁의 정당화

의로운 전쟁론은 크게 보면 국가의 공권력이 주도하는 힘의 행사를 어떻게 볼 것인가 하는 문제이다. 그러므로 국가관이나 정치철학과 밀접하게 연관되어 있다.

아우구스티누스는 국가가 국민에게 물리력을 행사하는 것을 신의 뜻으로 정당화했다. 다시 말해서 국민에게 가하는 국가의 형벌이 내부의 악을 제어하기 때문에 사회를 보존하는 데에 필요하다는 점을 그는 인정했다. 의로운 전쟁론은 국가를 해치는 외부의 악을 제어하기 위한 국가의 물리력 행사를 정당화하는 이론이다. 다시 말해서 불가피한 전쟁의 필요성을 인정하는 이론이다.

그런데 '의로운 전쟁론*bellum jus*, just war theory'이란 말은 그 뜻이 썩 와닿지 않는다. 이 말에는 두 가지 뜻이 들어 있다. 첫째, 소극적으로 전쟁을 정당화하는 측면이다. '의롭다' '정의롭다'는 뜻의 '*jus*, just'는 '정당화된justified'이라는 뜻을 지닌다. 전쟁은 살인과 파괴가 따르는 폭력이지만 정당화될 수 있다. 둘째, 전쟁을 의무로 보는 측면이다. 일단 정당화된 전쟁이라면, 그 전쟁을 치르는 것이 의무이다. 이때에 전쟁에 나서는 것은 정의를 실현하는 일이다.

이렇게 보면 일정한 조건에서만 전쟁을 정당화한다는 뜻으로는 '정당한 전쟁론'이라는 표현이 더 적합한 것 같다. 한편 일정한 조건을 충족한 전쟁은 정의를 실현하는 수단이므로 반드시 전쟁에 나서야 된다는 뜻으로는 '의로운 전쟁론'이라는 이름이 좀 더 맞는 것 같다.

아우구스티누스는 인류가 전쟁을 피하지 못하는 현실을 비극으로 보는데, 전쟁에는 엄청난 증오의 불길과 폭력이 동원되기 때문이다. 물론 불가피한 전쟁을 인정하기는 하지만 그 경우에도 그는 상당히 까다로운 조건을 내걸고 있다. 그 점에서 아우구스티누스의 전쟁론에는 '정당한 전쟁론'이라는 표현이 더 적합한 것 같다. 물론 아우구스티누스 역시 정당화된 전쟁을, 정의를 실현하는 하나의 방식으로 보고 있다. 그런 의미에서 '의로운 전쟁'이라는 표현이 틀린 것은 아니다.

전쟁을 정당화하고 의무로까지 여기는 것은 왜 전쟁을 할 수밖에 없는지 이치를 따져 보아야 하는 작업이다. 어떤 일정한 조건하에서만 전쟁을 정당화한다. 정당화와 의무화의 조건이 정당한 전쟁론의 내용을 이룬다. 그 조건은 전쟁에 대한 도덕적 반성에서 생긴 것이다. 다시 말해서 정당한 전쟁론은 전쟁이라는 자연스러운 현상을 도덕적 사유를 통해 반성하면서 생긴 이론이라고 할 수 있다.

그리스도교는 전쟁에 대해 두 가지 길을 열어 놓았다. 하나는 도덕성을 아주 강화해서 모든 전쟁을 반대하는 평화주의의 길이다. 평화주의는 초윤리적 태도에서 나온 것이라 할 수 있다. 다른 하나는 일정한 조건하에서만 전쟁을 정당화하는 정당한 전쟁론이다. 정당한 전쟁론은 아우구스티누스 이전의 인문주의자들도 생각했던 주제이다.

그리스도교는 초창기에 **평화주의**를 지향했다. 평화주의는 모든 폭력에 반대하는 신념으로서 초대 교인들의 순교의 전통과 관련이 있다. 순교는 박해하는 폭력에 대해 똑같이 폭력으로 맞서지 않고 상대의 폭력을 적극적으로 당함으로써 폭력에 저항하는 방식이었다. 박해하는 자를 미워하지 않음으로써 순교자들은 폭력의 싹 자체를 이 땅에서 없애려고 했다. 증오심이야말로 폭력의 악순환을 일으키는 장본인이기 때문이다. 초대 교인들은 그러한 비폭력 저항이 그리스도의 십자가를 따르는 길이라고 생각했다.

순교의 전통은 4세기까지 교부들의 전쟁관이나 국가관에도 영향을 주었다. 알렉산드리아의 클레멘스, 오리게네스, 테르툴리아누스, 락탄티우스 같은 교부들은 평화주의 시각을 가지고 그리스도인들이 무기를 들거나 전쟁에 참여하는 것을 반대했다. 그들은 국민으로서 치러야 할 군복무에도 반대했다.

평화주의의 시각에서 보면 아우구스티누스의 정당한 전쟁론은 전쟁이라는 폭력을 허용하는 논리이고, 전쟁 행위에 도덕적 정당성을 부여하는 이론이다. 그러나 아무런 반성 없이 전쟁의 승리를 국가적 자부심으로 여기고 승리한 장군을 영웅으로 숭배하던 일반적 국민 감정에서 보면, 정당한 전쟁론은 매우 까다로운 조건을 달아 전쟁을 허락하고 있기 때문에 전쟁을 규제하고 억제하는 이론이기도 하다.

아우구스티누스가 평화주의에 서지 않은 것은 교회가 박해를 받던 2, 3세기의 교부들과 환경이 달라진 까닭도 있다. 아우구스티누스가 활동한 4, 5세기의 로마는 그리스도교 국가가 되어 있었다. 그러므로 로마제국이 이교도의 세상 속에서 그리스도교 신앙을 보호해 줘야 한다는 생각이 그리스도인들 사이에 널리 퍼져 있었고, 아우구스티누스도 어느 정도 그런 생각을 공유하고 있었다.

그러므로 로마제국을 방어하기 위해 군대에 들어가는 군복무의 정당성을 인정할 수밖에 없었다. 당시에 로마는 이민족의 침입을 막아 내고 국경선을 방어하는 문제가 시급했으며, 아우구스티누스는 자신이 주교로 있던 도시 히포를 공격하는 반달족의 폭력을 경험했다. 정당한 전쟁론은 이런 환경에서 나왔다.

그의 정당한 전쟁론은 그리스도인에게 삶의 지침을 주기 위한 것이었다. 그는 국가의 시민으로서 군복무를 감당해야 하는 그리스도인이 살상과 폭력이 벌어지는 전쟁에 참여해도 되는지를 생각해야 했다. 만일 3, 4세기의 평화주의자들과 달리 불가피한 전쟁을 인정해야 한다면, 전쟁 참여를 정당화하는 그리스도교의 기준이 무엇인지를 제시해야 했다.

아우구스티누스는 정당한 전쟁론이라는 제목으로 글을 쓴 적이 없으며 따라서 체계적으로 정당한 전쟁론을 펼치지 않았다. 그럼에도 불구하고 초창기부터 죽음을 앞둔 말년에 이르기까지 그는 국가에 의한 폭력인 전쟁 문제를 다루는 신학적 사유를 전개했다.

우선 마니교의 주장을 논박하면서 아우구스티누스는 그리

스도교 신앙의 정체성과 관련해서 전쟁 문제를 다루게 된다. 마니교는 모든 전쟁에 반대하면서, 전쟁을 옹호하고 군복무에 반대하지 않는 듯한 성서의 구절들을 반박하고 그리스도교를 비판했기 때문이다. 아우구스티누스는 마니교를 반박하는 초기의 저서인 『자유의지론』과 『마니교도 파우스트에 대한 반박』에서 전쟁에 대한 사유를 펼친다.

『자유의지론』에서 아우구스티누스는, 악은 인간의 자유의지에서 비롯된다는 주장을 하면서 전쟁 문제를 다룬다.

> "국민을 보호하기 위해 적의 폭력을 똑같은 폭력으로 격퇴하라고 명령하는 법률에 육욕 없이 복종하는 일이 가능합니다." (『자유의지론』, I,5,12)

적국의 도발이 있을 때에 법은 전쟁에 나설 것을 명령한다. 그것은 '적의 폭력을 똑같은 폭력으로 격퇴하라'는 명령인데, 국가는 '국민을 보호하기 위해' 그러한 폭력적 맞대응을 명령한다. 국가의 명령에 복종하는 일은 옳다는 것이 아우구스티누스의 견해이다.

그러나 조건이 있다. 국가의 전쟁에 참여하되 그 마음에 '육욕*libido*'이 없어야 한다. 내면의 주관적 감정이 중요하다. 국가는 그 점에 무관심하지만, 전쟁을 치르는 자의 내면이 아우구스티누스의 전쟁 신학에서는 핵심을 이룬다. 전쟁에서 사람을 죽이더라도 육욕 없이 죽여야 한다.

폭력에 대해 폭력으로 맞서더라도 육욕이 없어야 '악을 악으로 갚지 말라'는 성서의 가르침에 어긋나지 않는다. 만일 전쟁터에서 육욕에 가득 차 폭력을 휘두른다면, 아무리 명분이 있는 방어 전쟁이라도 그리스도교 윤리에 어긋난다.

그리스도인은 두 나라에 산다. 전쟁에 참여할 것을 명령하는 국가법을 따르는 것은 세상 나라의 시민으로서의 의무를 다하는 것이다. 그리고 육욕 없이 전쟁에 참여하는 것은 하나님 나라 시민으로서의 의무를 다하는 것이다. 사태에 임하는 주관적 감정을 중시하는 것은 참된 평화를 정착시키기 위해 중요하다. 그런데, 아우구스티누스가 말하는 육욕이란 무엇인가?

"전쟁에서 악이란 무엇인가? 사람이 죽는 것이 악인가? 사람은 언젠가는 죽는다. 산다고 해도 노예 상태에 처해 있는 것에 지나지 않는다. 그러므로 전쟁에서 벌어지는 인간의 죽음을 악으로 생각하는 것은 겁쟁이의 두려움일 뿐이요, 종교적 감정과는 거리가 멀다. 전쟁에서 발생하는 악은 따로 있다. 폭력을 좋아하는 것, 복수심에서 나오는 잔인함, 주체할 수 없이 타오르는 적대감, 힘에 대한 탐닉 등이 진짜 악이다. 선한 사람들이 전쟁을 수행하는 까닭은 바로 그런 것들을 벌하기 위함이다. 그런 악을 징계하도록 힘이 요청될 때에 선한 사람들이 전쟁을 수행하는 것은 신의 뜻에 따라 또는 합법적 정부 당국의 뜻을 따라 인간사를 바르게 처리하기 위해 행동에 나서는 것이다." (『마니교도 파우스트에 대한 반박』, XXII,74)

이 글에는 전쟁을 그 자체로 악으로 볼 수 없다는 생각이 두드러진다. 이 글만 보면 전쟁에서 사람을 죽이는 것을 아우구스티누스가 대수롭지 않게 생각하는 듯 보이나 그렇지 않다. 다만 불가피한 전쟁을 통해 사람을 죽이는 일들이 발생하는 것을 정당화하기 위한 표현일 뿐이다.

아우구스티누스는 전쟁에서 상대해야 할 악을 인간 내면의 육욕으로 보고 있다. 육욕이란 사람을 죽이고 파괴하는 폭력 자체를 좋아하는 것, 복수심이나 적개심 그리고 남을 누르고 싶은 권력의지를 가리킨다. 적국의 도발에 맞대응하는 전쟁을 통해 격퇴할 것은 적국의 군인들이나 지휘관이 아니라 그들이 품은 지배욕망*libido dominandi*이다.

전쟁에서 처부술 악이 침략자들 내면의 육욕이라면, 그들을 상대하는 그리스도인들은 당연히 육욕을 버려야 한다. 적국의 침략에 대해 적개심이나 복수심을 품어 그들을 제거하려고 한다면, 그것은 악을 악으로 갚는 것이다. 그때에는 악을 격퇴하지 못하고 전쟁을 통해 악의 증식이 발생할 수 있다. 아우구스티누스가 전쟁에 임하는 내면의 태도를 중시하는 것은 평화를 위한 궁극적 해결책을 제시한 것이다.

그리하여 아우구스티누스의 정당한 전쟁론에는 보존 질서와 구원의 질서가 결합되어 있다. '국민을 보호하기' 위한 방어 전쟁을 인정하는 것은 무고한 자들의 떼죽음을 막기 위한 것이다. 아우구스티누스는 인간의 죄의 힘이 사탄적인 파괴력을 지니고 있음을 직시하고 불의한 폭력으로부터 사람을 보호하기 위한 수단으로 전쟁을 정당화한다. 이것은 **보존질서**

에 해당된다. 그리고 복수심이나 증오심을 배제하는 것은 이 땅에서 폭력을 추방하기 위한 궁극적인 조치요, 폭력과 두려움의 악순환을 사랑과 자유의 선순환으로 바꾸기 위한 것이다. 이것은 **구원의 질서**이다.

전쟁은 악을 징계하는 수단으로 사용될 때에만 정당화된다. 적국의 부당한 도발에 대해 복수심이나 증오심 없이 방어전쟁을 치른다면, 그 전쟁은 악을 격퇴하여 악의 증식을 막는다는 점에서 정의로운 일이요, 신의 뜻에 맞는 것이 된다. 악을 징계하려는 마음가짐으로 전쟁을 치르는 사람은 '선한 사람'이다. 전쟁에서 선한 사람이란 복수심이나 증오심이 없고 지배의지가 없이 힘을 행사하는 사람이다. 악은 실체가 아니라 인간의 욕망과 의지의 산물이라는 명제는 아우구스티누스의 전쟁론에서도 핵심을 이룬다.

418년에 보니파티우스에게 보내는 편지에서 아우구스티누스는 전쟁의 과제를 악마를 정복하는 데서 찾는다. 악마란 전쟁을 일으키는 인간집단의 죄의 힘을 가리킨다.

"세상의 일을 포기하고 엄격한 순결성으로 하나님을 섬기는 일이 하나님 앞에서 더 귀한 것은 분명하다. 그러나 사도 바울이 말한 대로 각자의 은혜가 다르다. 어떤 사람들은 그대의 보이지 않는 적과 싸우기 위해 그대를 위해 기도한다. 그러나 그대는 그들의 보이는 적인 야만인들에 맞서 그들을 위해 싸운다. 그모든 일에 하나의 신앙이 존재한다면 투쟁의 힘이 약화되지 않을 것이니, 악마는 더 쉽게 정복될 것이다. 그런데 이승에서는 하늘나라의 시민들도 불경건하고 잘못을 범하는 자들 사이에 살면서 그들의 유혹에 이끌리지 않을 수 없으니, 때가 오기 전까지 거룩하고 의로운 자들과만 지내려고 해서는 안 된다. 그것은 훈련받아 정금正金처럼 되기 위해서이니, 인내로 견디다 때가 되면 축복을 받기에 합당하게 되기 위해서이다." (『서신』, 189,5)

아우구스티누스는 회심 이후에 수도원 생활을 평생 포기하지 않았다. '세상의 일을 포기하고 엄격한 순결성으로 하나님을 섬기는 일'이란 수도원 생활을 가리킨다. 수도원은 국가 안에 있기는 하지만 수도사들은 일반 시민들과 다른 삶을 산다. 그들은 기도하며 '보이지 않는 적'과 싸우는데, 보이지 않는 적이란 인류의 집단적 죄의 힘, 곧 사탄이나 악마를 가리킨다.

그 일은 매우 귀한 일이다.

그러나 그리스도인이라고 해서 꼭 수도사가 되어 일반 시민과 별개의 삶을 살아야 하는 것은 아니다. 하나님 나라의 시민인 그리스도인은 세상 사람들 속에서 국가의 시민으로 살며 국민으로서의 의무를 다할 줄도 알아야 한다. 군복무를 통해서도 하나님을 기쁘게 할 수 있다.

그때에 수도사로서 기도하는 일이나 국가의 국민으로서 살며 전쟁이 났을 때 나가 싸우는 일은 모두 '하나의 신앙'에서 나오는 행위가 될 수 있다. 전쟁에서의 싸움을 신앙 행위로 수행할 때에 '악마는 더 쉽게 정복될 것이다.'

악마를 정복한다는 것은 전쟁에서 드러난 인간의 집단적 죄의 힘을 이겨 내는 것을 가리킨다. 그것은 적군의 악을 징계할 뿐만 아니라 아군이 갖기 쉬운 악, 곧 적에 대한 증오심과 복수심까지 억제하는 것을 가리킨다. 적군의 악을 징계하려면 적군과의 싸움에서 승리함으로써 그들의 보이지 않는 지배욕망을 물리쳐야 한다. 아군이 증오심 없이 싸울 때에 그 일이 쉬워질 것이며, '악마는 더 쉽게 정복될 것이다.' 수도사들의 기도는 악마의 정복을 돕는다.

여기서 주목할 것은 아우구스티누스의 정당한 전쟁론이 정당방위 이론에 근거를 두지 않는다는 점이다. 『자유의지론』에서 아우구스티누스는 정당방위로써 남을 죽인 사람은 국가법으로 보호받고 살인자로 인정되지 않으며, 그러한 국가법을 비난할 수 없다는 점을 인정한다. 그러면서도 하나님의 영원법에 따르면 자기가 살려고 남을 죽이는 것을 죄가 아닌 것으로 받아들이기 어렵다고 그는 말한다.

누군가 자신의 목숨을 해치려 할 때에 목숨을 보존하기 위해 그를 죽이는 행위는 정당방위이다. 그런데, 아우구스티누스는 그런 정당방위를 죄로 본다. 법에서는 정당방위를 합법적인 행위로 인정하지만 그리스도교 윤리에서는 인정할 수 없다는 얘기이다. 법적 정의와 신학적 정의는 다르다. 그만큼 다른 사람을 죽이는 살인에 대해 아우구스티누스는 조심스러운 태도를 보인다.

개인 간의 다툼뿐 아니라 국가 간의 전쟁을 정당화하는 데에도 아우구스티누스는 정당방위 이론에 기대지 않는다. 불가피하게 방어 전쟁에 나설 경우에도 내가 살려고 남을 죽이는 행위는 여전히 조심스러운 일이다. 다만 부당하게 남의 나라를 침공하는 자의 그 부당함과 악을 억제하기 위해서는 전쟁에 참여해야 한다. 앞에서 말한 대로 방어 전쟁을 통해 처벌하려는 폭력의 대상은 적국의 군인이나 시민이 아니라 그들 속의 죄, 곧 부당한 영토 확장의 탐욕과 지배의지이다.

그러므로 정당방위에 근거하지 않고 악의 징계에 근거해서 전쟁을 정당화하는 아우구스티누스의 정당한 전쟁론은 현실주의와 이상주의의 결합이라고 할 수 있다. 방어 전쟁을 인정하여 무고한 사람들이 대량 학살 당하는 것을 막는 것은 현실주의적 태도이고, 증오심 없이 전쟁을 치르라는 가르침은 매우 이상주의적 발상이다. 칼을 휘두르는 적군에 대해 적개심 없이 싸우기 어렵고 아군이 죽어 가는 현실에서 복수심 없이 싸울 수 없기 때문이다. 그런 주장은 인간 현실에 맞지 않는다는 점에서 이상주의라고 불러야 할지도 모른다.

그러나 증오심 없이 싸우라는 가르침도 아우구스티누스의 신학적 관점에서는 매우 현실적인 주장이다. 그것은 불신과 복수의 악순환을 신뢰와 평화의 선순환으로 바꿀 수 있는 유일한 길이기 때문이다. 부당한 도발에 맞서되 인간에 대한 증오심 없이 오직 악만을 징계한다는 마음으로 나서지 않는다면, 끝없는 증오와 복수의 악순환으로 인한 대량 학살의 비극을 막을 수 없게 되고 결국 인류는 멸망에까지도 이를 수 있다.

증오심 없이 싸우는 의로운 전쟁은 국가의 시민으로 살아가는 사람들에게는 불가능하며, 이 땅에서 순례자의 길을 가는 하나님 나라의 시민들이 취할 길이다. 수도사들의 기도가 필요한 까닭이 거기에 있다.

그렇게 보면 국가 내에서 국민들 사이의 다툼을 해결하기 위한 아우구스티누스의 형벌 이론은 국가 간의 전쟁론에도 적용된다. 타인의 불법을 국가의 사법기관에 고발할 때에, 그 동기는 불법을 저지른 자의 악을 징계하는 것이어야 하며, 상대를 미워하거나 복수심이 개입되면 안 된다. 악을 징계하는 것은 질서를 잡고 평화를 만들기 위해 필요한데, 만일 증오심이나 복수심이 개입되면 폭력의 악순환은 지속되므로 형벌은 평화 수립을 위한 근본적 해결책이 되지 못한다.

마찬가지로 국제 관계에서도 정당한 전쟁의 필요성은 악을 징계하고 벌하여 인간사회의 평화를 만드는 것에 기여하는데에 있다. 그리고 참된 평화를 수립하려면 적국에 대한 증오심을 갖지 말아야 한다. 악을 제거하되 악인은 사랑하라는 형벌의 원리는 국가 간에도 적용된다.

다시 말해서 한 나라의 국민들 사이의 다툼뿐 아니라 국가 간의 다툼에서도 아우구스티누스의 관심은 일시적이고 잠정적 평화가 아니라 영원하고 궁극적인 평화의 길을 제시하는 데에 있다. 정치적 시각이 아니라 신학적 시각에서 문제 해결의 열쇠를 찾는 것이다. 아우구스티누스가 전쟁 자체보다는 인간 내면의 감정과 의지에서 악을 보는 까닭이 거기에 있다.

아우구스티누스는 초기에 마니교를 반박하기 위해 전쟁 자체를 악으로 보지는 않았지만 후기로 갈수록 전쟁의 비참함을 말하는 관점이 두드러진다. 429년에 다리우스에게 보내는 서신에서 아우구스티누스는 국가의 평화를 위해 싸우는 전사들을 높이 평가하면서도 피 흘리지 않고 평화를 이룰 수 없을지 고민한다.

"칼로 사람을 죽이기보다는 말로써 전쟁을 막는 것이 더 영광스러운 일이다. 다시 말해서 전쟁보다는 평화로운 방법으로 평화를 얻고 유지하는 것이 더 영광스럽다. 전투를 치르는 자들도 원하는 것은 평화이지만 그들은 피를 흘려 평화를 얻고자 한다. 그러나 당신의 임무는 피 흘림을 막는 것이다."(『서신』, 229,2)

더 나아가, 『신국론』에서는 전쟁을 악으로 규정한다.

"로마의 평화가 있기까지 얼마나 크고 많은 전쟁들이 있었고 얼마나 숱한 인간 학살이 있었으며 얼마나 많은 인류가 피를 흘려왔던가. 그 같은 악은 되풀이되며 불행은 아직 끝나지 않았다. 적대국들은 없어지지 않았고 그들을 상대로 언제나 전쟁을 치러 왔고 지금도 그렇다. 그 전쟁들로 인해 인류는 가련하게 타격을 받았고, 잠시나마 평온을 되찾고자 또 전쟁을 벌이고, 전쟁이 없으면 또다시 터질까 전전긍긍하고 있다. 이 숱하게 엎치고 덮치는 악의 재앙들, 끔찍하고도 지독한 그 필요악을 필설로 형용할 수 있다면 나도 그렇게 하고 싶지만 사실 그럴 재간이 없다. 하지만 저 사람들(로마의 스토아주의자)의 말에 의하면 현자라면 의로운 전쟁을 수행할 것이라고 한다. 그러나 그 현자가 인간이라면, 아무리 의로운 전쟁이라 할지라도 인간에게 전쟁이라는 필요악이 존재한다는 사실에 더 애통해할 것이다. … 사람이라면 누구나 전쟁이라는 이토록 두렵고 잔혹한 거대한 악에 대해 숙고할수록 고통스러워지며, 따라서 전쟁은 비참한 것이라고 실토해야 마땅할 것이다."(『신국론』, XIX,7)

이 글은 초창기의 글에 비해서 분위기나 강조점이 다르다. 전쟁을 악으로 보는 관점이 강하다. 피할 수 없는 전쟁이라고 해도 전쟁은 여전히 악이요, '잔혹하고 거대한 악'이다. 악을 징계하기 위한 의로운 전쟁이라고 해도 비참하기는 마찬가지이다. 전쟁을 절대로 해서는 안 된다고 말할 수 없고, 그래서 정당한 전쟁을 인정하지만, 인류가 전쟁을 피할 수 없다는 사실은 아우구스티누스를 매우 고통스럽게 만든다.

악을 징계하기 위한 전쟁은 정당화되고 의로운 전쟁이라고까지 불리지만, 악이 어느 쪽에서 먼저 시작되었는지를 가리는 것은 쉽지 않다. 로마는 주변국가의 도발적 폭력을 막고 응징하기 위해 전쟁을 치른다고 하지만, 그러나 영토 확장을 통한 제국주의의 건설은 로마가 먼저 시작하지 않았는가. 로마의 평화는 수많은 정복 전쟁으로 상대를 굴복시킴으로써 이루어진 것이다.

여러 가지 조건을 붙여 전쟁의 불가피함을 인정하고 정당화할 수 있다. 그러나 현실은 선한 쪽과 악한 쪽을 분명하게 가르기가 어렵다. 아우구스티누스는 인간세상의 모호성ambiguity에 대해 말했는데, 그것은 정당한 전쟁론에도 적용될 수 있다. 그럴수록 전쟁은 기본적인 악으로 다가온다. 다만 피할 수 없는 악이고, 때로는 피해서는 안 되는 필요악이다. 악을 끼고 살아야 하는 인류의 비참함miseria homini을 잘 보여 주는 것이 전쟁이다.

아우구스티누스는 하나님을 떠나 있는 인간이 일으키는 가장 큰 비극을 전쟁이라고 보았다. 전쟁을 피할 수 없게 만드는 인간 현실은 아우구스티누스를 탄식하게 만들었다. 그가 일정한 조건을 충족하는 전쟁을 의무로 생각한다 하더라도, 그것은 슬픈 탄식을 동반하는 불가피한 결론적 생각일 뿐이지 그가 전쟁을 적극적으로 지지했던 것은 아니다. 기본적으로 전쟁을 악으로 보는 아우구스티누스의 생각은 그 이전 철학자들의 정당한 전쟁론과 다르다.

앞에서 보았듯이 아우구스티누스에게서 국가는 신의 도성을 위한 조력자의 역할을 한다. 그 점에서 국가는 신의 도성과 대립되는 개념인 땅의 도성이 아니다. 그럼에도 불구하고 그는 종종 국가를 땅의 도성과 혼동해서 사용한다. 그것은 아마도 전쟁을 염두에 두었기 때문일 수 있다. 인류를 비참하게 만드는 전쟁의 주체는 국가이기 때문이다.

국가는 대외적으로 배타적 공동체로서 영토 확장의 야망이나 복수극의 연속으로 전쟁을 일으키고 대량 학살을 벌인다. 무고한 자의 피를 흘리게 만드는 전쟁의 주체로서 국가는 사탄의 도구라고 할 수 있다. 성서에는 국가들 사이 그리고 민족들 사이에 일어날 전쟁이 대재앙을 몰고 와 역사가 종말에 이를 것이라는 묵시 사상이 있다. 아마 그런 점을 염두에 두고 아우구스티누스가 땅의 도성이란 말을 국가에 적용했을 수 있다.

전쟁을 정당화하는 아우구스티누스의 생각을 정리하자면 다음과 같다. 전쟁은 악을 응징하기 위한 수단으로서 정당화될 수 있으며, 정의로운 전쟁도 있을 수 있다. 그런데 정당하고 정의로운 전쟁이 되려면 전쟁을 치르는 자들의 내면에 지배의지나 복수심, 증오심이 있어서는 안 된다. 적개심 없이 신앙적으로 싸울 때에 진정으로 악에 대한 응징이 이루어지고 악마의 정복이 쉬워질 것이다. 기도의 힘만으로 그 일을 성공적으로 수행할 수 있다.

그러나 전쟁의 원인이 어느 편에 있는지를 가리기는 쉽지 않다. 더구나 전쟁이 일단 벌어지면 대량 학살을 피할 수 없다. 그러므로 일정한 조건하에서 정당성을 인정하더라도 전쟁은 역시 악이다.

2
정당한 전쟁 개시와 정당한 전쟁 수행

전통적으로 서구에서는 정당한 전쟁을 위한 기준을 두 범주로 나누어 생각했는데, 그것은 오늘날의 국제법에도 그대로 적용된다. 첫째는 국제법상 전쟁을 시작할 권리*jus ad bellum*, the right to go to war와 관련된 것이다. 둘째는 전쟁 중의 올바른 행동*jus in bello*, right conduct in war의 기준을 정하는 것이다.

전자는 주권국가가 다른 국가에 대항하여 폭력을 행사할 권리와 관련된 원칙이다. 이 기준을 충족하면 전쟁에 들어갈 도덕적 정당성을 획득한다. 후자는 정당한 방식으로 전쟁을 치르도록 하는 것인데, 전쟁 중 사용해서는 안 되는 부도덕한 행위들을 규제하는 기준을 제시한다.

전쟁을 도덕적으로 정당화하는 기준에 관한 전통적 이론들은 현대의 국제법에도 반영되어 있다. 아우구스티누스는 그런 문제를 체계적으로 다루지는 않았으나, 그의 문헌을 토대로 정리하면 다음과 같다.

정당한 전쟁 개시 *jus ad bellum*

정당한 명분 just cause

적의 폭력적 악을 응징한다는 명분으로 전쟁에 나설 때라야, 그 전쟁은 정당화될 수 있다. 응징은 이미 저질러진 악에 대한 반응이므로 정당한 전쟁은 외관상 방어 전쟁을 가리키는데, 그러나 그 명분은 자기 방어가 아니라 악의 응징에 있다.

전쟁의 정당한 명분은 잘못된 것을 고치는 데에 있다. 개인의 불법행위에 대해 국가가 형벌로 응징하듯이, 침공해 들어

오는 이민족의 폭력적 악에 대해서는 거기에 맞서는 전쟁으로 응징한다.

악을 응징하고 처벌한다는 것은 일종의 응보적 정의를 실현하는 일로 보인다. 그런데 응징할 악은 단순히 겉으로 보이는 폭력이 아니라 그 폭력의 동기가 되는 인간의 죄, 곧 지배욕과 교만이다. 그러므로 아우구스티누스가 말하는 정당한 명분이란 실용적 차원이 아니라 신학적인 차원에서 나온 발상이다.

일반적으로는 정당방위를 내세우며 전쟁을 정당화하지만, 악을 징계하는 수단으로서의 전쟁은 세상의 보존을 바라는 하나님의 뜻을 이루는 일이다. 그때에 전쟁은 인류의 죄와 싸운다는 신학적 의미를 지닌다. 정당한 전쟁이란 물리력을 수단으로 삼고 정신적 성취를 목적으로 삼는 **영적인 사건**이다.

그러므로 정당한 전쟁의 그 정당성은 도덕적이고 법적인 정의이기 이전에 신학적 정의를 가리킨다. 아이를 위해 훈계하고 벌주는 경우가 있듯이 전쟁을 도발한 자들을 위해 그들의 죄를 억제하고 처벌한다. 악을 제어하고 정의를 세우는 일이 그들에게도 결과적으로 좋은 일이다. 더 나아가 그것은 인류 전체를 위해서도 좋은 일이요, 인류를 구원하려는 하나님의 섭리에 동참하는 일이라고 할 수 있다. 침략자들을 위해 그들의 악을 응징하려고 나서는 전쟁은 신학적으로 정의로운 전쟁이 되며, 그것은 그리스도교의 사랑 윤리에도 부합한다.

결론적으로 아우구스티누스에게서 정당한 명분은 전쟁의 동기가 신학적 정의에 부합하는 조건을 가리킨다. 전쟁의 도덕성과 합법성은 신학적 정의의 부산물이다.

비교 우위comparative justice

좀더 큰 명분을 가진 쪽이 정당성을 인정받는다.

아우구스티누스는 인간 현실에서 선과 악이 명확하게 갈리지 않는다는 사실을 알고 있었다. 그러므로 악을 징계하는 것을 정당한 명분으로 삼는다고 할 때에 어느 쪽이 악한지를 가리는 일은 그리 간단치 않다.

물론 평화를 먼저 깨는 쪽이 악하다고 할 수 있다. 예를 들어 로마로 침공해 들어오는 적이 있을 때에 로마의 평화를 깨는 적군이 악하고 거기에 맞서는 로마의 폭력은 선하고 정의롭다고 할 수 있다. 그러나 그런 판단은 기존 질서를 기준으로 내린 판단이다. 기존 질서가 정복에 의해 이루어졌다면 적군의 명분이 더 정의로울 수도 있다.

아우구스티누스는 현실세계에서 절대적으로 정의로운 집단은 없다고 생각한다. 그러므로 선악의 판단이 쉽지 않다. 그래도 판단을 내려야 한다면 비교 우위를 차지하는 쪽을 가릴 수밖에 없다. 그나마 명분에서 좀 더 앞서는 쪽이 정당성을 차지한다.

바른 의도right intention

악의 징계를 명분으로 내세우면서 속으로는 영토 확장이나 지배의 의도를 가지고 전쟁에 나선다면 정당한 전쟁이 아니다. 적을 쳐부수는 폭력 자체에 의미를 부여하거나 힘을 과시하려는 의도도 정당화될 수 없다. 오히려 전쟁을 할 수밖에 없는 인간 현실에 대해 비통한 마음을 가지고 전쟁에 임해야 한다.

정당한 주체competent authority

전쟁 개시의 명령은 국가의 수반에 의해 이루어져야 한다. 정치적 주권자의 결정은 곧 하나님의 뜻이라고 아우구스티누스는 생각했다. 주권자는 전쟁을 벌일 권한을 독점한다. 아우구스티누스 당시의 주권자는 왕이나 황제를 가리킨다.

하나님은 국가의 수반을 통해 간접적으로 통치하므로, 황제나 왕이 결정하면 그리스도인이라도 전쟁에 나서는 임무를 다해야 한다. 그때에 전쟁에서 사람을 죽이는 일은 법을 집행하는 일이며, 죄가 되지 않는다.

중세의 유럽에서 벌인 십자군 전쟁은 신앙의 수호를 위해 교회가 성전holy war론을 주장하며 전쟁을 주도했다. 아우구스티누스가 그런 성전론을 지지했을 가능성은 거의 없어 보인다. 아우구스티누스는 전쟁 개시의 주체를 정치적 주권자로 한정했기 때문이다.

16세기의 종교개혁자 마르틴 루터는 당시의 교황이 오스만제국 군에 대항하기 위한 전쟁을 준비하는 것에 대해 반대했다. 교회는 신앙을 위해 순교할망정 전쟁의 주체가 될 수 없다는 논리였다. 만일 이교도의 침입에 맞서 그리스도교 국가들이 전쟁을 벌인다면, 그것은 군주들이 주도할 문제라고 루터는 주장했다. 이런 루터의 주장은 아우구스티누스의 견해를 따른 것으로 보인다.

최후의 수단last resort

전쟁은 최후의 수단이어야 한다. 불의를 바로잡고 악을 치료하기 위해 전쟁이 불가피한 최선의 방책이어야 한다. 꼭 필요할 때에만 전쟁을 치러야 하며, 전쟁을 피할 수 있다면 피해야 한다.

비례의 원리proportionality

전쟁을 해서 평화를 회복할 때의 유익이 전쟁을 하지 않을 때의 유익보다 더 크다는 계산이 서야 한다. 전쟁을 하면 살인과 파괴가 발생한다. 그런 대가를 치르더라도 평화를 회복하는 것이 현 상태에서 적국이 발생시키는 해악을 방치할 때보다 전체적으로 선의 증가를 가져온다는 계산과 확신이 필요하다.

궁극적 목적은 평화peace as the ultimate object of war

평화의 회복을 통한 보존이 전쟁의 궁극적 목적이 되어야 한다.

"전쟁은 꼭 필요할 때에만 치러야 한다. 사람을 평화 속에 보존하시려는 하나님의 뜻에 맞는 전쟁이어야 한다. 평화를 얻기 위해 전쟁을 치르는 것이기 때문이다. 그러므로 전쟁을 치르는 중에도 평화를 만드는 정신을 귀하게 여겨야 한다. 그래서 너를 공격한 자들을 쳐부순 다음에도 그들이 평화로 되돌아가도록 해야 한다. … 그러므로 전쟁 중에 적군을 죽일 때에도, 너의 의지가 아닌 필연성이 죽이도록 해야 한다." (『서신』, 189.6)

전쟁에는 피 흘리는 살육과 파괴가 따르지만, 그 살육과 파괴의 목적은 평화 회복에 있어야 한다. 적을 이기는 데 목적이 있지 않고, 인간세상을 평화 속에 보존하기 원하는 하나님의 뜻에 이바지할 목적으로 전쟁에 나서야 한다. 다시 말해서 적을 파괴하는 것이 아니라 그들에게도 평화를 누리도록 해주는 데에 전쟁의 목적이 있다.

이처럼 정의로운 평화를 회복하려는 목적을 주권자뿐 아니라 전쟁터의 군인들도 인지하고 있어야 한다. 평화가 전쟁의 궁극 목적이므로 싸우지 않고 평화를 얻을 수 있다면 가장 좋다.

정당한 전쟁 수행 *jus in bello*

전쟁이 정당하게 개시된 이후에 전쟁을 수행하는 과정도 정의롭게 이루어져야 한다. 정당한 방식으로 싸워야 한다.

비례의 원리 proportionality

악의 징계라는 명분과 평화 회복이라는 목적에 비례해서 전쟁의 부정적 측면을 최소화해야 한다. 전쟁의 명분이 사람을 죽이는 데 있지 않고 악을 징계하여 인간사회를 치유하는 데에 있다면, 가능한 한 살상을 자제하고 줄여야 한다. 전쟁의 목적이 파괴에 있지 않고 평화 회복에 있다면, 파괴적 행위를 줄일 수 있는 만큼 줄여야 한다.

그러려면 '전쟁을 치르는 중에도 평화의 정신을 귀하게 여겨야 한다.' 전쟁의 명분과 목적에 맞게 전쟁 중에도 신의 뜻을 받들어 평화를 만드는 자로서 싸워야 한다. 그래야 잔인한 군사행동을 막고 폭력을 최소화할 수 있다.

파괴와 살육의 현장 한가운데에서 자신이 평화의 수단임을 잊지 않는 것은 도덕적 의무에서 나온 필연성에 나의 의지를 종속시킬 때에 가능하다. 그런 뜻에서 아우구스티누스는 말한다. '너의 의지가 아니라 필연성이 죽이도록 해라'(『서신』, 189,6).

구별의 원리discrimination

전쟁 중이라도 모든 살인이 정당화되지는 않는다. 적국의 국민이라도 군인이 아니라 일반인, 곧 비전투원과 사제를 죽이면 안 된다. 평화 회복이 목적이라면 아이를 죽이면 안 된다. 포로가 된 자에게는 자비를 베풀어야 한다.

사제는 전쟁 상황에서 일반인과 함께 머물러야 한다. 물론 적군이 공격 목표로 삼은 경우에는 사제라도 피신할 수 있다. 그리고 일반인은 무장하지 말아야 한다. 아무리 위급한 상황에서도 여인과 아이와 사제는 무장하면 안 된다.

신뢰faith

아우구스티누스는 인간관계에서의 신뢰를 매우 중시한다. 하나님을 믿을 뿐 아니라 사람끼리도 서로 믿고 살 수 있어야 한다. 하나님을 믿는 그리스도인은 인간 사이의 신뢰를 깨는 행위를 해서는 안 된다. 약속을 지키는 일은 신뢰 형성을 위해 매우 중요한 부분이다.

아우구스티누스는 평상시에 요구되는 도덕성을 전쟁 상황에도 적용한다. 전쟁 중에 적과 어떤 약속을 했다면 그 약속은 반드시 지켜야 한다. 그렇게 해서 인간에 대한 신뢰를 깨는 일을 하지 말아야 정당한 방식의 전쟁 수행으로 인정된다.

중세의 학자들은 아우구스티누스의 이러한 가르침이 적을 속이는 전술이나 책략까지 금한다고 생각하지는 않았다.

8

시간관

아우구스티누스의 시간관은 두 가지 측면으로 설명할 수 있다. 첫째는 흘러가는 세월의 흐름에 대한 그의 인식을 보여주는 측면이다. 둘째는 개인의 내면에서 수직적으로 경험되는 시간관이다. 전자는 아우구스티누스의 **종말론적 시간관**을 이루고 후자는 실존적이고 **현상학적인 시간관**을 이룬다.

종말론적 시간관은 시간의 흐름에 처음과 끝이 있다고 믿으며 흘러가는 시간에 목적을 설정한다. 흐르는 시간이 끝나면 영원으로 이어지는데, 시간의 끝에 다가올 영원에는 완성이 있다. 이러한 아우구스티누스의 종말론적 시간관은 서양 역사철학의 기원을 이룬다. 헤겔의 역사철학이나 19세기의 진보 사관은 아우구스티누스의 종말론적 시간관이 세속화되어 역사 내재주의로 변형된 것이라 할 수 있다.

한편 19세기와 20세기 초에 서양철학에서 실존주의와 현상학이 등장하면서 아우구스티누스의 시간관이 주목받았다. 현상학적 시간은 흘러가는 세월과 무관하게 개인들이 주체적으로 시간을 사는 현재 중심의 시간관이다.

현상학의 창시자 에드문트 후설은 유명한 『내적 의식의 현상학』 서문에서 이렇게 말했다. "아우구스티누스의 『고백록』 11권 14장에서 28장까지는 시간 문제에 몰두한 사람이라면 오늘날에도 여전히 연구해야 할 부분이다. 왜냐하면 많은 지식을 자랑하는 현대에 이르기까지도 시간 문제를 진지하게 탐구한 이 위대한 사상가를 뛰어넘거나 그보다 두드러진 연구는 아직 없기 때문이다."

서구의 역사의식에 영향을 준 아우구스티누스의 종말론적 시간이해를 먼저 살펴보고, 이어서 그의 현상학적 시간관을 살펴보겠다.

1
종말론적 시간관

인간은 사물의 운동과 변화 없이는 시간을 지각하지 못한다. 다시 말해 시간이란, 사물의 운동과 변화와 함께 존재한다. 겉으로 움직이지 않아도 사물의 존재가 이미 운동이며, 운동은 변화를 낳고 그 변화와 함께 사람은 길이를 가진 시간을 지각한다.

운동과 변화가 만든 시간의 간격에 의해 시간의 길이가 측정되고, 시간의 길고 짧음이 비교되기도 한다. 일상생활에서 측정되는 시간은 운동이 만든 변화의 길이이다. 사실 시간을 '흐름'으로 인식하는 것도 사물의 변화 때문이다. 사람이 늙으며 세월을 의식하는 것 역시 운동과 변화에 따른 시간 인식이다.

그런데, 시간의 길이가 측정되는 운동과 변화는 '시간 안에서' 이루어진다. 아우구스티누스는 해와 달과 별의 운동을 시간으로 보는 플라톤과 아리스토텔레스의 견해를 반박한다. 천체나 물체의 운동과 함께 시간의 길이가 지각되지만, 그러나 물체의 운동이 곧 시간은 아니다. 오히려 아우구스티누스는 천체와 물체 같은 피조물의 운동이 '시간 안에서' 이루어짐을 강조한다.

"나는 당신이 '시간 밖에서는 어떠한 물체의 운동도 불가능하다'고 말씀하시는 것을 듣습니다. 그러나 '물체의 운동이 시간이다'라는 말씀은 듣지 못했습니다." (『고백록』, XI,24,31)

여기서 우리는 사물의 존재와 그 변화를 품고 있는 하나의 시간, 또는 존재와 그 변화가 일어나는 자리가 되어 주는 하나의 거대한 시간을 생각하게 된다. 한 사람은 어느 시점에 태어나 어느 시점에 죽는다. 그가 태어나기 전에도 시간은 있고 그가 죽은 후에도 시간은 존재한다.

이처럼 사물의 존재와 운동의 장이 되는 시간을 가리켜 학자들은 우주적 시간 또는 객관적 시간이라고 부른다. 이러한 우주적 시간은 천체의 운동을 통해 경험되고 세대와 세대를 이어가는 생명체의 존속을 통해서도 경험된다. 그런 의미에서 우주적 시간은 자연의 시간이다.

우주적 시간 또는 자연의 시간은 그 단일성과 연속성 그리고 동질성이라는 특징을 지닌다. 우주적 시간의 단일성은 모든 사물의 존재와 변화의 자리가 되는 하나의 거대한 시간을 가리킨다. 연속성은 피조물이 존재하고 운동과 변화가 있는 한 시간의 흐름은 멈추지 않고 이어진다는 점을 가리킨다. 그리고 동질성은 시간의 길이가 모든 사물에 똑같이 적용된다는 점을 가리킨다. 아우구스티누스가 "사물은 시간 안에서 운동한다movetur in tempore"라고 할 때의 시간은 하나의 동질적 시간을 가리킨다.

운동을 시간으로 잴 수 있는 것은 시간의 동질성 때문이다. 아우구스티누스는 '시간 안에서' 일어나는 운동을 생각하다가, 사물의 운동을 '시간으로' 측정하는 일을 생각한다(『고백록』, XI,26,33). 시간의 균일성 때문에 인간은 시간의 연속적 흐름을 표준 단위로 쪼개어 그 단위를 적용해서 운동이나 사건의 길이를 잰다. 그런 의미에서 우주적 시간은 객관적 시간이다.

아우구스티누스의 종말론적 시간관은 우주적이고 객관적인 하나의 거대한 시간이 직선처럼 흐른다고 본다. 직선적 시간관은 대를 이어 가는 인류의 역사 전체를 바라보는 시각에서 시간을 이해한다. 기대한 시간의 흐름을 통째로 놓고 보기 때문에 시간은 하나의 시간이 된다. 그 하나의 시간에 시작이 있고 끝이 있다는 점에서 그리스도교의 독특한 세계관이 드러난다. 아우구스티누스는 아리스토텔레스와 스토아철학 및 고대인들의 순환론적 시간관을 비판한다. 그들은 시간이 새로운 것을 향해 앞으로 나아간다고 보지 않았고, 동일한 것으로 다시 되돌아온다는 영원한 회귀를 말했다.

아우구스티누스의 직선적이고 종말론적인 시간관은 시간을 하나님의 피조물로 보는 시각과 연관되어 있다. 시간이 만들어지면서 시간이 시작되었고 시간의 마지막인 종말에 시간은 끝나고 시간 너머의 영원이 도래한다. 시간에 시작과 끝이 있다는 것, 곧 시간이 생겨나고 사라진다는 것은 피조물의 특성이다. 반면, 하나님은 영원해서 시작도 없고 끝도 없다.

시간은 영원한 하나님의 피조물이고, 따라서 시간은 하나님의 뜻이 이루어질 자리이다. 시간의 **끝**_finis_에 도래할 신의 도성, 곧 하나님 나라가 시간의 **목적**_finis_이고, 시간 안에서 존재하는 인간과 사물의 **존재 이유**_raison d'être_이다. 하나님 나라는 신의 사랑 안에서 자유와 사랑으로 서로 섬기는 인간 공동체를 가리키니 곧 완성을 뜻한다. 인간성의 완성이고 공동체의 완성이다. 이는 시간의 끝에 완성이 주어진다는 점에서 종말론적 시간관이라 불린다.

그러므로 아우구스티누스의 종말론적 시간관의 특성은 세

가지 측면으로 설명할 수 있다.

첫째, 시간은 하나님의 피조물이요, 하나님의 뜻이 이루어질 자리이다.

우선 인간의 일상적 시간경험이 사물의 운동과 함께일 때에만 가능하다는 점이 중요하다. 우리는 일상 속에서 사물들의 운동 및 변화와 함께 시간의 흐름과 시간의 길고 짧음을 경험한다.

아우구스티누스는 이미 초창기에 마니교를 반박하기 위해 시간의 문제를 우주의 창조와 관련해서 생각했다.

> "하나님께서 아직 무언가를 만들지 않았을 때에는 시간이 존재한다고 말할 수 없다. 실제로 하나님께서 모든 시간의 창조주이시라면 그분께서 만들지 않은 시간이 어떻게 있을 수 있겠는가? 또한 시간이 하늘과 땅과 함께 존재하기 시작했다면, 하나님께서 하늘과 땅을 아직 창조하지 않았던 때의 시간이란 있을 수 없다." (『마니교도 반박 창세기 해설』, I,2,3)

만년의 작품인 『신국론』에서는 좀 더 세밀하게 시간의 문제를 정리한다.

"피조물이 생겨나지 않는 한 시간은 존재하지 않으며, 피조물이
란 어떤 운동에 의해 변화를 일으키는 것임을 누가 알지 못하겠
는가. 운동하는 사물은 계속 변하므로 변하는 모습들이 이어지
며 끊임없이 이전 모습이 다음 모습에게 자리를 내준다. 시간은
이런 과정에서 생겨나는 더 길거나 더 짧은 간격 속에서 발생한
다." (『신국론』, XI,6)

그런데 시간이 사물과 함께일 때에만 존재할 뿐 아니라, 사
물도 시간과 함께일 때에만 존재한다. 태초에 만물이 생겨날
때에 시간도 함께 생겼다.

"세상은 시간 안에서 만들어진 것이 아니라 시간과 함께 만들어
졌다*non est mundus factus in tempore, sed cum tempore*." (『신국론』, XI,6)

세상이 시간 안에서 만들어졌다면 시간이 세상보다 앞설 것
이다. 그러나 세상은 '시간과 함께' 만들어졌다. 그것은 시간

이 세상 만물과 함께 생겨났음을 의미한다. 시간은 우주의 존재보다 앞서지 않고 우주와 함께 생겨난 것이다. 시간이 그 생성에 있어서 우주의 발생과 동시적이라는 사실은 시간 또한 하나님의 피조물임을 말해 준다. 우주와 세상은 하나님의 피조물이요, 그와 동시에 생겨난 시간도 하나님의 피조물이다.

> "당신이 아무것도 만들지 않으셨을 때에는 시간도 있지 않았음이 분명합니다. 왜냐하면 시간 자체도 당신이 만드신 것이기 때문입니다."(『고백록』, XI,14,17)

그런데, 시간은 우주 만물과 다른 점이 있다. 시간은 하나이며 우주 만물은 여럿이다. 수많은 우주 만물이 '시간 안'에서 생겨났다가 사라진다.

> "하나님은 시간 전부터 계셨다. 시간의 처음과 관련해서 말하자면, 사물들과 이 세상이 존재하게 된 것은 시간이 시작되면서부터라고 할 수 있다. 그리고 '시간 안에서' 만물은 세상 속에 생겨난다."(『창세기 문자적 해설 미완성 작품』, V,17,35)

처음에 우주 만물이 시간과 함께 생겨났지만 시간이 흘러가면서 시간은 여전한데 우주 만물은 변하고 사라지고 다시 생겨난다. 그렇게 보면 균일하고 연속적인 거대한 하나의 시간의 흐름 안에서 우주 만물의 생성 및 변화가 이루어진다. 사물들은 '시간 안에서' '시간과 함께' 존재하고 운동하고 변한다.

그 점에서 시간은 모든 사물의 존재 형식이요, 존재의 틀이다. 사람이 감각을 통해 사물을 인식할 때에는 언제나 시간과 함께 인식한다. 그래서 칸트는 시간을 가리켜 순수직관 형식이라고 불렀다.

그런데, 시간은 하나님의 피조물이니, 하나님은 시간의 주인이고 시간은 하나님의 것이다. 따라서 시간은 단순히 사물의 존재 형식이 아니라 신의 뜻이 이루어질 자리가 된다.

"낮도 당신의 것이요, 밤도 당신의 것입니다(시 74:16). 당신의 뜻에 의해 매 순간이 흘러갑니다*ad nutum tuum momenta transvolant*."

(『고백록』, XI,2,3)

하나님은 시간을 만들고 운행한다*conditor et admistrator*. 그러므로 사물의 생성 및 변화를 품은 단일한 시간, 곧 우주적이고 객관적인 시간은 하나님의 뜻이 이루어질 자리이다. 여기서 천체 운동을 시간으로 본 고대 그리스 로마 철학의 시간관은 완전히 신학적으로 바뀌며 서양의 독특한 역사철학이 탄생하게 된다.

실제로 아우구스티누스는 이미 초창기 작품인 『참된 종교』에서 그리스도교가 역사에 기초를 둔 종교임을 말한다.

"이 종교(그리스도교)의 초석은 역사와 예언이며, 이것은 영원한 생명에로 갱신되고 회복될 인류의 구원을 위한 하나님의 섭리의 시간적 경륜이다."(『참된 종교』, VII,13)

연대기적 시간의 흐름, 곧 역사*historia*란 '인류의 구원을 위한 신의 섭리의 시간적 경륜*dispensatio temporalis divinae providentiae pro salute generis humani*'이다. 그리스도교가 역사에 기반을 둔 종교라는 것, 그리고 시간을 역사의 관점에서 말한 것 자체가 이미 시간을 인간학적이고 신학적인 의미에서 이해하고 있음을 보여 준다. 역사란 흐르는 시간 안에서 벌어진 인간사를 이야기한 것이기 때문이다. 그 인간사가 신의 경륜에 의해 이루어진다는 것은 시간의 흐름은 신의 뜻이 이루어지는 자리임을 말해 준다.

신의 뜻은 시간을 두고 이루어진다. 다시 말해서 장구한 세월은 하나님이 인류를 구원하는 데 걸리는 시간이다. 그것은 달리 말하면 인류가 죄의 권세를 이기고 하나님 나라 백성이 되기 위한 훈련에 걸리는 시간이다. '인류 구원을 위한 신의 시간적 경륜'이란 말은 그런 의미이다. 그러므로 연대기적 시간의 흐름chronology은 인류 구원사의 관점에서 이해된다. 구원이란 사람이 자유인이 되고 세상은 하나님의 나라, 곧 사랑과 평화의 공동체로 변화하는 것을 가리킨다.

시간을 신의 경륜이 펼쳐질 자리로 보는 관점은 흐르는 시간, 곧 세월을 허무하고 파괴적인 것으로 보는 일반적 시간이해와 결정적으로 차이를 보인다. 우연이 지배하는 것 같아도 어떤 필연적 의지가 세상에 개입하고 있다.

"이 세상은 우연한 자의에 의해 통치되지 않고 지존하신 하나님

의 섭리에 의해 통치된다." (『신국론』, IX,13)

세계가 하나님에 의해 운행되고 있다는 말을 시간으로 표현
하면 과거에서 미래로 흐르는 시간의 흐름이 영원한 현재인
하나님의 주관하에 있음을 의미한다.

"과거와 미래는 둘 다 영원한 현재 안에서 창조되고 흐르게 됨
을 알 수 있습니다." (『고백록』, XI,11,13)

그러므로 흐르는 세월은 무의미가 아닌 의미로 가득 차 있
다. 의미가 무의미를 이기며 시간은 흐른다. 시간의 목적 곧
시간의 끝에 도래할 하나님 나라가 시간에 의미를 부여한다.
둘째, 시간은 완성을 향해서 흐른다. 흘러가는 시간은 하나
님 나라를 향한 순례자의 훈련장으로서의 역할을 한다. 시간
은 신의 도성과 땅의 도성 간의 보이지 않는 대립과 긴장 속에
서 흘러간다. 자유와 억압, 건설과 파괴, 사랑과 증오의 긴장
과 대립이다. 그것은 인간 각자의 내면에서 벌어지는 긴장과
대립이고, 동시에 세상의 죄의 힘, 곧 사탄과 그리스도의 영

곧 성령의 대립이다.

일상의 시간에서는 신의 도성과 땅의 도성이 명확하게 구분되지 않고 명확하게 드러나지 않는다. 누가 하나님 나라 백성이고 누가 사탄의 나라 백성인지 잘 드러나지 않는다. 역사는 애매모호하다. 그러나 마침내 시간의 끝에 이르면 오직 하나님이 통치하는 신의 도성이 도래하고, 하나님 나라의 백성들이 하나님을 사랑하고 이웃을 사랑하는 완전한 평화의 공동체로 들어간다.

그래서 아우구스티누스는 미래에 대한 희망*spes*을 말한다. 완전한 평화와 완전한 행복 그리고 완전한 자유는 시간의 끝에 있다. 시간은 아무런 의미 없이 흘러 지나가지 않으며 하나님의 섭리로 완성이라는 목적을 향해 흐른다. 개인들은 자신의 의도를 역사의 목적에 맞추어야 한다. 다시 말해서 시간과 역사의 목적이 곧 개인의 삶의 목적이다. 그때에 인간은 참된 지혜를 갖게 된다.

"지금 누리는 이 현실은 미래에 대한 희망이 없으면 거짓 행복일 뿐 아니라 비참함일 따름이다. 정신의 참다운 선들을 제대로 이용하지 못하기 때문이다. 비록 현명하게 분별하고 용감하게 수행하고 절제 있게 삼가고 정의롭게 분배하는 그런 언행에서도 자기의 지향을 저 목적으로 이끌어 가지 않는다면 그것은 참다운 지혜가 아니다. 저곳의 확고한 영원 속에서, 완전한 평화 가운데에 하느님이 모든 것 안에서 모든 것이 되리라."(『신국론』, XIX,20)

아리스토텔레스는 진리를 관조할 때에 생기는 행복eū daimonia이 인생의 목적이라고 말했다. 그러나 아우구스티누스는 미래에 대한 희망 없이 어떻게 행복할 수 있겠는가라고 묻는다. 이 땅에서는 죄로 인해 참자유에 이르지 못하고 자유는 차라리 죄의 용서에 근거한다는 것이 아우구스티누스의 주장이다.

신의 용서의 은총으로 자유로울 줄 아는 이들은 장차 하나님을 온전히 경배하며 **죄를 지을 수 없는 자유**에 도달한다. 그러한 자유의 완성은 이 땅에서 이루어지지 않으며 장차 시간의 끝에 도래할 영원한 하나님 나라에서 이루어질 일이다. 그런 미래에 대한 믿음과 희망 속에서 인간은 지금 참된 자유와 평화를 어느 정도 맛보고 행복할 수 있다.

위의 인용문에서 아우구스티누스는 아리스토텔레스가 말한 네 가지 덕목에 관해 언급한다. 아우구스티누스는 네 가지 덕목이 제대로 발휘하기 위해서도 미래에 대한 희망이 필요하다고 보았다. 하나님 나라가 도래할 것을 믿을 때라야 현실의 모호함과 손해에 굴복하지 않고 도덕적으로 살 수 있다.

시간의 끝, 곧 '목적에 이끌린다'는 것은 자유와 평등과 사랑의 하나님 나라를 꿈이 아니라 현실로 여기는 것이다. 탐심과 지배욕으로 일그러져 분쟁을 일삼는 지금의 현실에도 불구하고 장차 올 하나님 나라를 현실에 맞추어 생각할 때에 지혜가 생긴다. 그때에 정말로 하나님을 두려워하여 사심 없이 참평화의 능력을 발휘하며 분쟁을 해결할 수 있기 때문이다. 동서양을 막론하고 가장 중요한 덕목으로 여기던 지혜의 문제를 아우구스티누스는 미래에 대한 희망과 믿음에서 찾는다.

시간은 완성을 향해서 흐르고, 시간의 끝에 도래할 하나님 나라에 대한 믿음으로써 인간은 자유로움과 의연함 속에서 지혜를 가지고 세상에 참된 평화를 심는 자가 된다.

물론 아우구스티누스는 인간 역사의 연장에서 신의 도성이 도래하리라고 보지 않았다. 다시 말해서 그의 역사관은 인간의 정신이 진보하며 스스로 자기를 완성한다고 보는 헤겔식의 역사 내재주의와 거리가 멀다. 시간 안에서 이루어지는 인간의 문명과 역사는 모호하며, 인간의 죄의 힘으로 인해 어떤 완성도 이룰 수 없다. 역사는 인간의 대립과 전쟁으로 인해 재앙으로 끝날지도 모른다.

그러므로 역사의 끝에 오는 하나님 나라는 하나님의 은총으로 주어지는 것이고, 그것을 가리켜 성서는 새 예루살렘이 하늘로부터 내려온다는 상징어로 표현했다(요한계시록 21:2). 참자유와 참평화의 공동체는 하나님의 약속이 이루어지는 곳이고(『신국론』, XX,2), 하나님이 원하던 것을 마침내 하나님이 이루시는 일이다(『신국론』, XX,3). 하나님이 사람으로 하여금 그것을 원하도록 만들었는데 사람의 힘으로는 이루지 못하는 것이다(『신국론』, XX,3).

셋째, 무게중심이 태초가 아닌 종말에 있다.

한편 그가 순환적 시간관을 이교적인 것으로 분명하게 거부했다는 점, 또한 완성된 자유와 사랑의 공동체를 미래의 시간에 두었다는 점은 그의 시간관이 서구의 미래 지향적인 역사의식에 영향을 주었음을 짐작할 수 있다. 사실 아우구스티누스는 시간의 시작보다 끝에 더 무게를 둠으로써 역사발전론에 토대를 놓았다고 할 수 있다. 가장 좋은 것은 과거의 태초가 아닌 미래의 종말에 실현될 것이다.

> "미래에 대한 희망에서 본다면 지금 아무리 심한 육신의 고난을 겪는 인간도 낙원 속의 인간보다 더 행복하다. 그에게는 지존한 하나님께 참여하면서 아무런 시련 없이 천사들과의 교분을 끝없이 누리리라는 희망이 있고, 또 그것이 막연한 생각이 아니라 확실한 진리로 나타났기 때문이다. 그 대신 최초의 인간은 낙원의 큰 행복을 누리면서도 자신의 운명에 대해서는 불확실한 상태였다." (『신국론』, XI,12)

'낙원 속의 인간'은 잃어버린 태초의 낙원, 곧 에덴동산의 아담을 가리킨다. 대개 종교는 태초의 원시간Urzeit으로 회귀하려는 경향이 있다. 그러나 아우구스티누스는 이미 잃어버린 과거의 에덴동산보다 장차 도래할 하나님 나라가 더 좋다고 본다. 에덴은 인간이 타락하기 전에 하나님과 교통했던 낙원이지만, 그러나 시간의 끝, 곧 종말에 있을 완전한 교통에 비교할 수 없다. 그 미래를 믿고 나아가는 인간은 지금 아무리 고통을 겪고 있어도 잃어버린 낙원 속의 인간보다 행복하다.

가장 좋은 것은 과거가 아니라 미래에 주어질 것이라는 미래지향적 시간관은 『신국론』 22권에서 펼쳐지는 인간의 자유와 관련해서도 확인된다.

태초에 사람이 창조되었을 때에 자유롭게 창조되었는데, 그 자유는 **선택의 자유**_liberum arbitrium voluntatis_이다. 사람은 본래 죄를 지을 수도 있고 짓지 않을 수도 있는_posse non peccare_, possible not to sin 선택의 자유를 가지고 있었다. 그런데, 습관적으로 죄를 지음으로써 사람은 철저하게 타락하게 되었고, 타락으로 인해 현재의 인간은 죄를 짓지 않을 수 없게 되었다_non posse non peccare_, impossible not to sin.

타락한 인간은 그리스도를 믿을 때에 하나님의 은총으로 죄의 노예 상태에서 벗어난다. 그때에 다시 죄를 짓지 않을 수 있는 선택의 자유를 회복한다. 그러나 회복된 선택의 자유를 가지고도 끊임없이 죄의 유혹을 받는다는 점에서 인간은 완전히 자유로운 것은 아니며, 악의 성향 때문에 늘 죄의 힘이 내면에 도사리고 있다. 그러므로 유혹을 벗어나 신의 뜻에 순종하는 일은 자연스럽게 이루어지지 않고, 두 마음의 싸움 속에서 괴로워하며 불안이 떠나지 않는다. 그것이 이 땅에서 순례의 길을 가는 그리스도인의 모습이다.

그처럼 믿음으로 내면의 투쟁을 하며 이 땅에서 순례자의 길을 가는 그리스도인은 장차 시간의 끝에서 신의 도성이 도래할 때에 죄의 권세에서 완전히 벗어난다. 즉 신의 도성에서 그리스도인은 신의 은총으로 더 이상 유혹이 없어 두 마음의 싸움도 필요 없는 자유를 누리게 된다. 다시 말해서 자연스럽고 기쁜 마음으로 하나님의 뜻에 순종하게 되는 자유를 얻는다. 그것을 가리켜 아우구스티누스는 '죄를 지을 수 없는*non posse peccare*, impossible to sin' 자유라고 불렀다.

그러므로 아우구스티누스 신학에서 구원은 태초의 회복이 아니라 종말의 완성과 관련이 있다. "최초의 자유의지는 죄를 짓지 않을 수 있는 것이었는데, 최후의 자유의지는 죄를 지을 수 없는 것이리라*primum liberum arbitrium posse non peccare, novissimum non posse peccare*"(『신국론』, XXII,30,3).

하나님은 죄를 지을 수 없지만 최고의 자유를 가진 분이듯이, 완성된 인간이 죄를 지을 수 없다고 해서 자유가 없는 것은 아니다.

"죄를 지을 수 없을 정도가 된 자유의지만큼 자유로운 것이 있을까?"(『비난과 은총에 관하여』, 32).

그러므로 인간이 바라볼 완전한 자유의 자리는 시간의 처음이 아니라 시간의 끝이다. 이때에 "결핍은 사라지고 아무 욕정도 일어나지 않고 아름다움만을 향유하게 된다." 그리고 "싸워야 할 악습도 없고 완전히 평화로운 덕성으로 완전한 경지에 이른 인간"(『신국론』, XXII,24,5)이 된다. 종말에 이르러서야 인간성의 완성이 이루어지는 것이다.

그러나 그때에도 인간이 신이 되는 것은 아니다. 오히려 완성은 신의 은총에 의한 것이다. 완성에는 안식이 따라오는데, 신의 은총에 대한 찬미가 있을 때에 참다운 평화의 안식이 있을 것이다. "우리의 선한 행적도 우리 것이 아니고 실은 그분의 것임을 깨달을 적에 우리는 이 안식을 얻을 자격이 있는 사람으로 여겨질 것이다"(『신국론』, XXII, 30,4).

안식이란 채워야 할 결핍감이 없고, 악한 습관, 곧 악의 성향이 뿌리 뽑혀 자유롭고, 사랑으로 인해 두려움이 사라지고, 자신의 선함을 신의 은총으로 돌림으로써 일체의 교만이 없는 상태를 가리킨다.

그래서 안식은 아무 일도 안 하는 상태가 아니라 하나님 뜻과의 일치로 완성된 평화의 상태를 가리킨다. 종말에는 인간성의 완성과 성도의 교통으로 인한 공동체의 완성이 결합되어 하나님 나라를 이룰 것이다.

무게중심을 흐르는 시간의 처음에 두지 않고 시간의 끝에 두는 아우구스티누스 시간관의 특성은 그의 가정관에서도 드러난다. 아우구스티누스는 성서를 기초로 가정을 에덴동산의 공동체, 곧 본래적인 인간 공동체로 보았다. 사람은 처음부터 사회적 본성을 지니고 사회생활을 하도록 지어졌고, 첫 사회가 가정이다. 그러므로 가정은 국가와 달리 하나님이 처음부터 원하던 공동체이다. 에덴동산의 아담과 하와의 이야기가 그것이다.

태초의 에덴동산에도 존재했던 가정을 가리켜 아우구스티누스는 가부장을 중심으로 명령과 복종의 관계로 이루어진 공동체로 본다. 물론 가부장은 국가의 통치자와 달리 지배하려는 마음이 아니라 가족을 위한 사랑으로 명령한다. 그럼에도 불구하고 명령과 복종으로 이루어진다는 점에서 가정은 장차 올 신의 도성과 거리가 있다. 신의 도성은 명령과 복종이 없이 사람들이 자유롭게 서로 섬기는 사랑의 공동체이기 때문이다.

흔히 가정을 이상적인 공동체로 보는 고대 및 중세의 인문주의자들은 국가를 가정의 연장으로 보는 경향이 있다. 그러나 아우구스티누스는 가정과 국가를 분명히 구분하고, 또한 가정을 이상적인 공동체로 보지도 않는다. 인류가 바라볼 가장 바람직한 공동체는 태초에 형성된 가정이 아니라 종말에 올 신의 도성이다.

장차 도래할 하나님 나라는 죄지을 가능성이 없는 성도들로 구성된 공동체로서 일체의 지배와 복종의 관계가 없는 상호 섬김의 공동체이다. 가정이 혈연관계로 얽힌 본능적 사랑의 공동체라면 하나님의 나라는 하나님 안에서 각자 독립된 인격체가 된 자유인들이 서로를 섬기는 영적인 사랑의 공동체이다. 결국 공동체의 양상에서도 태초의 에덴보다 종말의 하나님 나라가 더 우월하다. 태초에서 종말로 흐르는 시간의 흐름은 완성된 인간과 완성된 공동체에 대한 희망과 믿음을 안고 흐른다.

2
현상학적 시간관

현상학적 시간이란 현대 철학에서 붙인 이름인데, 인간의 의식을 의미의 근원지로 보고 시간 안에 살지 않고 시간을 사는 주체적 시간경험을 가리킨다. 현상학적 주체는 흘러가는 시간에 딸려 가지 않고 지금의 현재에 집중한다.

『고백록』11권은 현상학적 시간관의 기원으로 일컬어진다. 물론 아우구스티누스가 직접 철학적 의미에서의 현상학적 시간을 언급한 것은 아니며, 시간경험을 추적한 결과 그는 시간이 현재 중심으로 경험된다는 것을 발견했다. 그는 하나님에게는 지나간 과거와 오지 않은 미래가 없으며 따라서 하나님은 늘 **영원한 현재**라고 인식했다. 그러므로 인간의 현재 중심의 시간경험은 영원한 하나님과 수직적으로 통하는 시간이 된다.

아우구스티누스는 『고백록』 11권에서 시간에 대한 탐구에 들어가며 먼저 영원과 시간을 구분한다.

"당신은 항상 같으시고 *idem ipse* 당신의 햇수는 무궁합니다. 당신의 햇수는 가지도 않고 오지도 않습니다. 그러나 우리의 햇수는 가고 오면서 다 지나가 버립니다. 당신의 햇수가 모두 동시적으로 있음은 *simul stant,* 오는 시간이 가는 시간을 밀쳐 냄이 없어 흘러가지 않고 머물러 있기 때문입니다. ⋯ 당신의 햇수는 하루와 같은데, 그 하루는 매일매일의 하루가 아니라 언제나 같은 오늘의 하루입니다. 왜냐하면 당신의 오늘은 내일에 의해 밀려나지 않고 어제를 뒤쫓아 가지도 않기 때문입니다. 당신의 오늘은 영원입니다." (『고백록』, XI,13,16)

하나님에게는 천년이 하루와 같으며(시편 90:4), 하나님의 시간은 언제나 오늘이다. 그 오늘은 어제와 내일 사이에 낀 오늘이 아니라 흘러가지 않는 시간, 곧 영원이다. 흐르는 시간을 시간이라고 한다면 영원은 시간이 아니요, 그 너머이다. 시간은 과거, 현재, 미래라는 시제를 따라 흘러가지만 영원은 영원한 현재이다.

> "영원에는 아무것도 지나가는 것이 없어 항상 현재라는 것*totum esse praesence*, 그러나 시간은 항상 현재일 수 없다는 것을 알 수 있습니다." (『고백록』, XI,11,13)

인간은 사물의 운동과 변화를 통해 시간을 경험하고 측정한다. 운동과 변화는 곧 흘러 지나가므로 과거, 현재, 미래로 경험된다. 그런데, 아우구스티누스는 사물의 운동과 함께 경험되는 시간의 길이를 재는 일이 인간의 의식 활동과 뗄 수 없는 관계에 있음을 알아낸다. 그리하여 논의의 중심이 '영혼 안에서'로 바뀐다.

> "오, 내 영혼아. 나는 네 안에서 내 시간을 재노라. 나를 어지럽게 하지 말아다오. 시끄럽게 밀려들어 오는 여러 가지 인상으로

인해 너 자신을 어지럽게 하지 말라. 내가 말한 바와 같이 나는 바로 네 안에서 시간을 잰다. 여러 가지 일들은 지나가면서 네 안에 인상을 남긴다. 그 일들은 과거로 지나갔어도 그것들이 남긴 인상은 현재에 남아 있다. 나는 바로 현재에 남아 있는 그 인상을 재는 것이지 과거로 지나가면서 인상을 남기는 그 일들(사건)을 재는 것이 아니다. 내가 시간을 잰다고 할 때 나는 남아 있는 현재의 인상을 재는 것이다. 그렇지 않다면 나는 시간을 잴 수 없다." (『고백록』, XI,27,36)

   나는 나의 영혼 안에서 시간을 잰다. '시간 안에서' 벌어지는 운동이나 사건의 길이를 재는 것은 내 '영혼 안에서*in anime meus*'이다. 어떤 사건을 시간의 길이로 느끼고 재는 주체는 '나'이고, 그 길이를 재고 느끼는 자리는 '내 영혼 안'이다. 그래서 아우구스티누스는 '내 시간을 재노라*tempora mea melior*'라고 말한다. 흐르는 시간은 객관적으로 주어져 있는 우주적인 자연의 시간이지만 시간의 길이는 인간의 적극적 의식 활동에 의해 경험된다.

   사건이나 사물의 운동이 일어나는 시간의 길이는 그 사건 자체의 길이가 아니다. 사건이나 사물의 운동 자체는 이미 지나가고 없기 때문이다. 장차 도래할 일을 기다리며 그 시간을 길게 느낀다고 할 때에도, 그 일 자체를 재는 것이 아니다. 미래의 사건은 아직 오지 않았으니 잴 수 없다. 그렇다면 시간의 길이를 재거나 느끼려면 현재 벌어지는 일의 길이를 재야 한다. 그러나 현재는 길이*spatium*가 없지 않은가. 왜냐하면 현재는 인지하는 순간 지나가 버리기 때문이다. 현재란 오지 않은 미래가 과거로 지나가 버리는 사이의 순간일 뿐이다.

> "그러므로 우리가 재는 것은 미래의 시간도 아니요, 과거의 시간도 아니며, 현재의 시간도 아니요, 흘러가는 시간도 아니다. 그러나 우리는 시간을 재고 있다." (『고백록』, XI,27,34)

인간은 흐르는 시간을 잴 수 없다. 다만 흐르는 시간 안에서 벌어지는 사건이나 운동과 함께 시간을 느끼고 그 길이를 재기도 한다. 그러나 사건이나 사물의 변화의 길이 역시 잴 수 없다. 그 변화를 추정하려는 순간 지나가 버리고 없기 때문이다. 따라서 아우구스티누스는 시간 자체나 사건 자체가 아니라 사건을 관찰하는 인간의 영혼으로 눈을 돌린다. 사물의 운동이나 일상의 사건들은 영혼에 새겨져 흔적을 남기는데, 그것을 가리켜 '인상affectum'이라고 한다. 사건이나 운동 자체의 길이를 재는 것이 아니라 영혼에 남겨져 있는 사건의 자취, 곧 인상의 길이를 잰다.

여기서 아우구스티누스는 사건의 운동과 변화를 과거와 현재와 미래로 나누어 관찰하고 인식하는 영혼의 활동을 발견한다. 과거라는 시간을 만드는 영혼의 활동은 '기억memoria'이고 현재를 만드는 영혼의 활동은 '주목attentio'이고 미래라는 시간을 만드는 영혼의 활동은 '기대expectatio'이다.

"우리 마음은 기대하고 주목하고 기억한다. 우리 마음이 기대하는 것은 주목하는 것을 통하여 기억하는 것으로 흘러 지나간다. … 우리 마음에는 아직 오지 않은 미래에 대한 기대가 이미 있다. … 우리 마음에는 과거에 대한 기억이 있다. 현재라는 시간은 순간적으로 지나가기 때문에 아무 연장(길이)도 없음을 누가 부인하겠는가? 그러나 마음의 주목은 지속되고 그것을 통해 현재 와 있는 것이 곧 가 버리고 없어진다. 그러므로 지금 있지 않은 미래의 시간이 긴 것이 아니다. 미래가 길다 함은 미래에 대한 우리의 기대가 긴 것뿐이다. … 과거가 길다 함은 과거에 대한 우리의 기억이 긴 것뿐이다." (『고백록』, XI,28,37)

아직 오지 않은 미래의 일들은, 영혼의 활동인 '기대'에 의해 영혼 안에 인상으로 표상화되면서 시간의 길이를 띠게 된다. 흘러 지나가 버린 과거의 일은 '기억'이라고 하는 영혼의 활동에 의해 영혼 안에 표상화되면서 길이를 가진다. 어떤 과거의 사건이 길게 느껴지는 것은 기억이 길게 작동하는 것이다. 오지 않은 미래가 길거나 짧게 느껴지는 것은 기대가 길거나 짧게 작동하는 것이다.

아우구스티누스는 인간 내면의 시간경험을 말하고 있다. 기억이나 기대 같은 영혼의 주체적 활동이 작동되지 않고는 시간을 경험할 수 없다. 다시 말해서 인간 각자의 주관을 거치지 않는 시간경험이란 없다. 아우구스티누스가 '내 시간을 재노라'라고 말한 까닭도 거기에 있다.

그런데, 주관의 개입을 말한다고 해서 사람에 따라 시간의 길이를 모두 다르게 느낀다는 뜻은 아니다. 인간은 일상에서 즐거운 일은 시간 가는 줄 모를 만큼 짧게 느끼며 고통스러운 일은 하루를 한 달처럼 여길 만큼 길게 느끼기도 하지만, 아우구스티누스의 시간관이 그 점을 말하는 것은 아니다.

아우구스티누스는 시간 안에서 일어나는 사건이나 운동의 객관적 길이를 인정한다. 한 달의 기간을 두고 벌이는 축제는 누구에게나 한 달이 지나면 끝난다. 하루나 한 달은 누구에게나 균일한 하나의 시간의 흐름 속에서 일정한 길이를 차지하는 객관적이고 자연적인 시간이다. 객관적 시간이 있기 때문에 공통된 시간표에 맞추어 사회생활이 가능하고 역사 기록도 가능하다.

그러나 아우구스티누스는 자연적 시간의 흐름이 시간으로 경험되는 것은 인간 영혼의 작용에 의한 것임을 발견했다. 지나가 버린 과거의 사건을 사건 그 자체로 경험할 수 없다. 다만 기억이라는 영혼의 작용에 의해 만들어진 사건의 영상이 인과관계의 연속으로 이어지며 시간의 길이를 갖게 된다. 오지 않은 미래의 일들 역시 기대라는 영혼의 작용에 의해 시간의 길이를 갖게 된다.

시간은 자연적으로 흐르고 있지만 저마다 시간을 감각하는 시간경험은 자연의 시간이 아니라 인간의 시간이다. 그것은 인간이 일으키고 겪는 사건을 통해서만 경험되는 시간이라는 점에서 인간에 의한 시간이요, 인간을 위한 인간의 시간이라고 할 수 있다. 인간이 겪는 사건에는 자연 활동도 포함된다. 자연의 운동도 인간의 활동에 연관되는 것으로 파악되기 때문이다.

그러므로 피조물의 변화와 함께일 때만 시간이 존재한다는 말은 시간의 발생에 국한되지 않고 인간의 시간경험에도 해당되는 말이다. '세상이 시간과 함께 만들어졌다'는 아우구스티누스의 통찰에서 시간은 객관적이고 우주적인 시간을 가리키지만, 인간에게 경험되는 인간의 시간을 가리키기도 한다. 인간사와 함께일 때만 인간은 시간을 경험하기 때문이다. 어떤 면에서 시간은 인간의 시간으로서만 시간이라고 할 수 있다.

결국 아우구스티누스의 시간관은 '시간 안에서'와 '영혼 안에서'의 결합이라고 할 수 있다. 객관적이고 자연적인 시간과 주관적이고 경험적인 시간의 결합으로써만 시간은 시간으로 느껴지고 인식되고 측정되고 활용된다.

직선적 시간관을 바탕으로 아우구스티누스는 천체의 운동을 통해 지각되는 시간을 하나님의 피조물인 하나의 거대한 시간으로 인식했다. 그것은 '하나님의 시간'이요, 하나님의 뜻이 이루어지는 종말론적 시간이다. 그런데, 그는 그 하나의 시간 안에서 벌어지는 일들을 겪고 이해하는 인간의 시간경험을 관찰하면서 '인간의 시간'에 도달했다. '시간 안에서' 일어나는 객관적 사건이 '영혼 안에서' 주관적인 인간의 시간으로 바뀐다.

이처럼 신에 의한 우주적이고 자연적인 시간을 인간에 의한 인간의 시간으로 바꿈으로써 아우구스티누스는 현상학적 시간에 접근한다. 모든 시간경험이 현재를 중심으로 이루어지기 때문이다. 앞의 글에서 아우구스티누스는 말했다.

"현재라는 시간은 순간적으로 지나가기 때문에 아무 길이도 없음을 누가 부인하겠는가? 그러나 마음의 주목 attentio animi은 지속되고 그것을 통해 현재 와 있는 것이 곧 가 버리고 없어진다."

(『고백록』, XI,28,37)

미래는 현재를 거쳐 과거로 흘러간다. 그것을 영혼의 활동으로 표현하면, 미래에 대한 기대가 현재의 주목을 거쳐 과거의 기억으로 넘어간다. 그런데 영혼의 주목은 언제나 지속된다. 그러므로 과거의 기억과 미래의 기대는 인간 영혼의 현재적 주목이 만드는 것이다. 과거나 미래 그 자체란 없다. 과거나 미래는 언제나 현재에서 바라본 과거와 미래가 있을 뿐이다.

"이제 나에게 명확히 드러나 밝혀진 것은 미래의 시간이나 과거의 시간이란 없다는 것입니다. 그러므로 우리가 과거, 현재, 미래의 세 가지 시간이 있다고 말하는 것도 적당치 않습니다. 아마 '과거 일의 현재' '현재 일의 현재' '미래 일의 현재'라는 세 가지 시간이 있다고 말하는 것이 옳을 것입니다. 이 세 가지의 시간이 어떤 면에서 우리의 영혼 안에 있습니다. 나는 그 밖의 다른 곳에서 그것을 알 수가 없습니다. 즉 과거의 일의 현재는 기억이요, 현재 일의 현재는 직관이며, 미래 일의 현재는 기대입니다." (『고백록』, XI,20,26)

시간 안에서 발생한 후에 시간의 흐름을 타고 지나간 일들은 영상으로 영혼 속에 저장되고 영혼의 기억 활동으로 재생된다. 그런데 과거의 일을 기억하는 영혼의 활동은 현재에 일어나는 일이다. '과거 일의 현재'이다. 장차 오리라고 여겨지는 일들도 기대와 예상으로 생겨나는데, 기대와 예상 역시 현재에 일어나는 영혼의 활동이다. '미래 일의 현재'이다. 현재 일어나는 일은 영혼이 직접 '응시contutitus'하고 있다. '현재 일의 현재'이다.

아우구스티누스는 인간의 시간경험이 현재를 중심으로 이루어지고 있음을 밝혀냈다. 현재에 대한 인간 영혼의 활동을 표현하기 위해 아우구스티누스가 사용하는 개념은 '주목attentio' 또는 '응시'이다.

그런데 주목하고 응시하는 현재는 미래와 과거 사이의 시간이요, 길이가 없는 무시간적 시간이다. 흐르는 시간 안에서 발생한 사건이 영혼 속에 영상으로 새겨졌다가 기억과 기대에 의해 길이를 가지는 것이 과거와 미래라면, 현재는 영혼 속에 새겨지는 영상이나 인상 자체가 없다. 그런 의미에서 현재는 시간이 아니라 시간 안에서 발생하는 사건이나 사태를 주목하고 응시하는 영혼의 지속적 활동을 가리킨다.

현재, 곧 영혼의 주목과 응시는 지속된다. 그래서 과거와 미래도 현재 중심으로 경험된다. 그것은 인간이, 시간 안에서 벌어지는 세상사와 자연현상을 주체적으로 경험하고 있음을 뜻한다. 인간을 세상의 주인으로 보는 아우구스티누스의 인간관은 현재 중심의 시간관과도 연관되어 있다. 이 문제는 **영혼의 분산**과 함께 고찰되어야 한다.

사실 아우구스티누스는 인간의 시간경험이 과거, 현재, 미래로 나누어져 있는 것을 영혼의 분산으로 본다.

"시간이란 어떤 종류의 확장인 듯 보입니다. 그러나 그것이 무엇의 확장인지 나는 잘 모르겠습니다. 그것은 아마 영혼의 확장일지도 모르겠습니다." (『고백록』, XI,26,33)

영혼의 확장*distentio animi*이란 말은 다분히 실존적 의미를 지닌다. 확장*distentio*이란 말은 집중*intentio*과 대조되어 쓰이기 때문에 '분산*dicessio, distractio*'이란 의미도 지닌다.

영원한 현재인 하나님은 지나가 잡을 수 없는 과거도 없으며 오지 않아 기다릴 미래도 없다. 집중을 잃지 않고 모든 것을 지금 동시적으로 응시하며, 따라서 하나님은 만사를 뜻대로 처리한다. 오직 현재의 일만 뜻대로 다룰 수 있기 때문이다. 그 점에서 영원한 현재라는 말은 절대적 주체 또는 절대 주권자를 의미한다.

하나님과 달리 인간에게 과거와 미래가 있다는 것은 주권자가 될 수 없는 피조물의 속성을 의미한다. 또한 현재만 있지 않고 과거, 현재, 미래로 나누어진 시간경험을 표현하는 '영혼의 확장'이라는 말은 시선이 분산되어서 자기중심을 잃는 실존의 분열을 의미한다.

"지금 나는 내 연수年數를 탄식으로 보내고 있습니다. 오, 주님, 당신은 나의 위로이자 나의 영원한 아버지이십니다. 그러나 나는 알 수 없는 이 질서의 시간 속에서 산산이 분열되어 있습니다. 내 생각과 내 영혼의 골수는 당신의 사랑의 불로 순화되고 녹아 당신에게로 흘러들어가게 될 때까지는 여러 무상한 일들로 갈기갈기 찢어지게 될 것입니다." (『고백록』, XI,29,39)

'나는 이 시간 안에서 산산이 분열되어 있습니다*ego in tempora dissilui*.' '영혼의 확장' 또는 '영혼의 분산'을 통한 시간경험은 '영혼의 분열*discessio animi*'이라는 실존적 혼란 상태를 가리킨다. '시간 안에서' 일어나는 일들이 '영혼 안에서' 기억과 기대로 재생될 때에, 돌이킬 수 없는 과거에 매달려 후회와 회한에 휩싸이고 앞으로 다가올 일들에 대한 염려와 집착으로 마음은 혼란스럽고 분열된다.

그럼에도 불구하고 과거와 미래라는 시간경험은 현재를 중심으로 이루어진다. 영혼의 주목과 응시는 지속된다. 이러한 현재 중심의 시간경험은 인간 실존의 분열 중에서도 영원한 현재인 하나님과 만날 기회를 제공한다. 다시 말해서 아우구스티누스의 시간관에는 분열과 갈등이 그치지 않는 세상 현실을 초월할 가능성이 주어져 있다.

> "내 주(그리스도) 안에서 당신은 나를 붙드셨습니다. 그는 하나이신 당신과 여러 모양과 많은 것으로 쪼개진 우리 사이에 계시는 중보자이십니다. 그가 나를 붙드심은 그로 인하여 내가 잡힌 바된 것을 잡기 위함이며(빌립보서 3:12), 또한 내가 통합되어 하나

이신 당신을 향해 좇아가기 위함입니다. 나는 이제 지나간 과거를 잊어버리고, 지나가 없어지게 될 미래의 것에 마음을 향하지 않으며, 앞에 있는 것 즉 다사다망하지 않고 지속적인 그것을 붙잡기 위하여 분산되지 않고 집중하여 하늘의 부르는 상을 얻기 위하여 좇아갑니다. 거기에서 나는 당신을 찬양하는 소리를 들을 것이요, 오지도 않고 가지도 않는 당신의 즐거움을 관상할 것이옵니다." (『고백록』, XI,29,39)

이제 아우구스티누스의 시간관은 구원론으로 변한다. 시간 너머의 영원에 도달하기 위해 '하나'와 '여럿'이 대비되고 '분산'과 '집중'이 대비된다.

'앞에 있는 것ea quae ante sunt'은 현재의 사태를 가리킨다. 현재에 머물러 있으려면 '분산되지 않고 집중해야non secundum distentinem sed secumdum intentionem' 한다. 여기서는 분산과 대비되는 용어로 주목이나 응시 대신에 집중이라는 개념을 사용했다. 마음의 흐트러짐이 없이 깨어 있는 상태를 가리킨다.

과거나 미래는 마음을 '여럿으로' 분산시킨다. 과거와 미래를 떨치고 무시간적 현재에 머무르는 것은 무아가 된 영혼의 집중과 통합을 가리키는데, 그때에 세상사에 찢긴 '여럿'을 넘어 '하나'에 이르니 '하나이신 당신', 곧 하나님과 교통하게 된다. 그때에 진리인 하나님을 관상하며 즐거움 속에 찬양하게된다. 길이가 없는 빈 시간인 현재로부터 시간 너머의 영원한 현재인 하나님께 도달하는 것이다. 이것은 일종의 초월경험이고 진리와 만나는 신비체험이기도 하다.

인간은 그 영혼이 과거와 미래로 분산되어 있지만, 그럼에도 불구하고 과거와 미래는 현재 중심으로 경험된다. 영혼의 주목과 응시는 지속된다. 그러므로 기억과 기대로 말미암아 수많은 일들로 분열되어 있는 중에도, 인간은 지속되는 무시간적 현재를 타고 올라 영원한 현재에 이를 수 있다. 그때에 그는 영원한 진리인 하나님을 관상한다. 그것은 인간이 세상을 초월해서 하나님과 함께 세상의 주인이 되는 순간이다. 인간이 주체요, 세상의 주인dominus mundi으로서 존엄하다dignitas는 아우구스티누스의 신학적 인간관은 그의 시간관에서도 확인된다.

현재로부터 영원한 현재에 이르는 것은 수직적으로 흐르는 시간이다. 거기에는 시간의 흐름이 아니라 의식의 흐름이 있을 뿐이다. 그러나 의식이 깨어 있는 그때에도 시간의 흐름을 인정한다면 그것은 전후를 만드는 연대기적 시간이 아니라 전후가 없이 위아래로 흐르는 시간이라고 할 수 있다.

현상학의 창시자 후설은 아우구스티누스의 현재 중심의 시간관을 따라 종으로 흐르는 시간을 말한다. 다만 아우구스티누스가 말하는 현재는 영원한 현재로 상승하는 종교적이고 신학적 시간에 초점이 맞추어져 있는 데 반해서 후설의 현재는 근대적 주체를 극단화한 유아론적唯我論的 시간이해이다. 후설은 인간의 의식을 모든 의미의 근원지로 보고 개인이 주재할 수 있는 시간으로서 현재를 강조했다.

한편 아우구스티누스는 인간이 영원한 현재에 머무를 수 없음을 고백한다. 그는 어머니 모니카와 대화하는 중에 충만한 사랑과 기쁨 속에서 자기를 초월하여 하나님의 영원한 말씀의 세계에 도달하는 신비한 체험을 했다. 그는 그런 경험이 지속되는 것이 곧 영생일 것이라고 말한다. 그러나 시간 속에서 살아가는 이생의 삶에서 영원에 도달하는 것은 한순간일 뿐이다(『고백록』, IX,10,25).

영원한 현재에 머무를 수 없지만 인간의 의식에 무시간적 현재가 지속되는 한 영원한 진리의 세계와 접촉하고 그 맛을 볼 가능성은 언제나 주어져 있다. 피조물로서 분산되고 죄로 인해 분열되어 있음에도 불구하고 인간은 영혼의 집중을 통해 하나로 통합되어 여전히 하나님을 관조할 가능성을 지니고 있다. 물론 그것은 하나님의 은총에 의지할 때에 일어나는 일인데, 아우구스티누스는 본문에서 '잡힌 바 된 것을 잡는다'는 성서 구절을 인용해 믿음의 절대 수동성을 표현하고 있다.

실존의 분열 속에서도 지속되는 현재를 통해 영원한 현재인 하나님과 통할 수 있는 인간. 그는 하나의 거대한 시간의 흐름의 끝에서 마침내 하나님 나라를 보게 될 희망을 잃지 않는다. 그렇게 현상학적 시간과 종말론적 시간이 통합되어 아우구스티누스의 그리스도교 시간관을 이룬다.

아우구스티누스의 종말론적 시간관이 서양의 역사철학에 영향을 주었다면, 그의 현상학적 시간관은 현상학을 비롯한 현대 철학에 많은 영감을 주었다.

생의 철학자로 불리는 베르그송은 시간을 '지속la durée'으로 보았는데, 그가 말한 지속은 매 순간 이어지는 새로움의 연속을 의미한다. 현재를 과거의 연장으로 보지 않고 지속되는 영혼의 주목으로 본 아우구스티누스의 시간관이 없었다면 베르그송의 지속 개념도 없었을 것이다.

키르케고르는 고유한 자기Selbst, 곧 신 앞의 단독자가 되기 위해 '순간Augenblick'을 강조하고 하이데거는 시간의 시간성을 '순간'으로 설명했는데, 아우구스티누스가 현재를 길이가 없는 순간으로 본 것과 궤를 같이한다. 아우구스티누스 연구자였던 그들은 시간관에서도 큰 영향을 입었다.

아우구스티누스의 주요 저서들(저작 연도순)

『행복한 삶』, 성염 옮김 (왜관읍: 분도출판사, 2016).

『독백』, Soliloquies, in *Nicene and Post-Nicene Fathers*, First Series, Vol. 7, ed. Philip Schaff (Buffalo, NY: Christian Literature Publishing Co.,1888).

『가톨릭 교회의 도덕에 관하여』, On the Morals of the Catholic Church, in *Nicene and Post-Nicene Fathers*, First Series, Vol. 4, ed. Philip Schaff (Buffalo, NY: Christian Literature Publishing Co., 1888).

『자유의지론』, 성염 옮김 (왜관읍: 분도출판사, 1988).

『마니교도 반박 창세기 해설』, 정승익 옮김 (왜관읍: 분도출판사, 2022).

『창세기 문자적 해설 미완성 작품』, 정승익 옮김 (왜관읍: 분도출판사, 2022).

『교사론』, 성염 옮김 (왜관읍: 분도출판사, 2019).

『참된 종교』, 성염 옮김 (왜관읍: 분도출판사, 1989).

「심플리키아누스에게」, in 『아우구스티누스: 전기 저서들』, 공성철 옮김 (서울: 두란노아카데미, 2011).

『그리스도교 교양』, 성염 옮김 (왜관읍: 분도출판사, 2011).

『고백록』, 선한용 옮김 (서울: 대한기독교서회, 2012).

『마니교도 파우스트에 대한 반박』, Reply to Faustus the Manichean, in *Nicene and Post-Nicene Fathers*, First Series, Vol. 4, ed. Philip Schaff (Buffalo, NY: Christian Literature Publishing Co., 1887).

「선의 본성에 관하여」, in 『아우구스티누스: 전기 저서들』, 공성철 옮김 (서울: 두란노아카데미, 2011).

『삼위일체론』, 김종흡 옮김 (서울: 크리스찬다이제스트, 2007).

『복음서들의 조화에 관하여』, The Harmony of the Gospels, in *Nicene and Post-Nicene Fathers*, *First Series*, Vol. 6, ed. Philip Schaff (Buffalo, NY: Christian Literature Publishing Co., 1888).

『창세기 문자적 해설』, The literal meaning of Genesis, in *On Genesis*, ed. J. E. Rotelle (New York: New City Press, 2002).

『성령과 문자』, 공성철 옮김 (서울: 한들출판사, 2000).

『신국론』, 성염 옮김 (왜관읍: 분도출판사, 2004).

「그리스도의 은총과 원죄에 관하여」, in 『어거스틴의 은총론 III』, 차종순 옮김 (서울: 한국장로교출판사, 1996).

『원죄에 관하여』, On Original Sin, in *Nicene and Post-Nicene Fathers*, First Series, Vol. 5, ed. Philip Schaff (Buffalo, NY: Christian Literature Publishing Co., 1888).

「결혼과 정욕에 관하여」, in 『어거스틴의 은총론 III』, 차종순 옮김 (서울: 한국장로교출판사, 1996).

「은총과 자유의지」, in 『어거스틴의 은총론 IV』, 차종순 옮김 (서울: 한국장로교출판사, 1996).

「비난과 은총에 관하여」, 『어거스틴의 은총론 IV』, 차종순 옮김 (서울: 한국장로교출판사, 1996).

『재고록』, *Revisions*, Trans. B. Ramsey (New York: New City Press, 2010).

『요한복음 해설』, Tractates on the Gospel of John, in *Nicene and Post-Nicene*

   Fathers, First Series, Vol. 7, ed. Philip Schaff (Buffalo, NY: Christian
   Literature Publishing Co., 1888).

『요한 1서 해설』, Homilies on the First Epistle of John, in *Nicene and Post-Nicene*
   Fathers, First Series, Vol. 7, ed. Philip Schaff (Buffalo, NY: Christian
   Literature Publishing Co., 1888).

『시편 해설』, The Enarrations or Expositions on the Psalms, in *Nicene and Post-*
   Nicene Fathers, First Series, Vol. 8, ed. Philip Schaff (Buffalo, NY:
   Christian Literature Publishing Co., 1888).

『서신』, Letters, in *Nicene and Post-Nicene Fathers*, First Series, Vol. 1, ed. Philip
   Schaff (Buffalo, NY: Christian Literature Publishing Co., 1887).

『설교』, Sermons on the New Testament, in *Nicene and Post-Nicene Fathers*,
   First Series, Vol. 6, ed. Philip Schaff (Buffalo, NY: Christian Literature
   Publishing Co., 1888).

참고문헌

리쾨르, 폴, 『악의 상징』, 양명수 옮김 (서울: 문학과 지성사, 1999).

리쾨르, 폴, 『해석의 갈등』, 양명수 옮김 (파주: 한길사, 2022).

뱁코크, W. S., 『아우구스티누스의 윤리학』, 문시영 옮김 (서울: 서광사, 1998).

브라운, 피터, 『아우구스티누스: 격변의 시대, 영혼의 치유와 참된 행복을 찾아나선 영원한 구도자』, 정기문 옮김 (서울: 새물결 출판사, 2012).

브라운, 피터, 『기독교 세계의 등장』, 이종경 옮김 (서울: 새물결 출판사, 2004).

양명수, 『어거스틴의 인식론』 (서울: 한들출판사, 1999).

양명수, 『폴 리쾨르의 해석의 갈등 읽기』 (서울: 세창미디어, 2017).

양명수, 「고백록 11권에 나타난 아우구스티누스의 현상학적 시간론」, 『신학사상』 169집 (서울: 한국신학연구소, 2015).

이석우, 『아우구스티누스』 (서울: 민음사, 1995).

칸트, 임마누엘, 『윤리형이상학 정초』, 백종현 옮김 (서울: 아카넷, 2014).

칸트, 임마누엘, 『실천이성비판』, 백종현 옮김 (서울: 아카넷, 2004).

칸트, 임마누엘, 『이성의 한계 안에서의 종교』, 백종현 옮김 (서울: 아카넷, 2011).

하이데거, 마르틴, 『존재와 시간』, 이기상 옮김 (서울: 까치, 1998).

Atkins, E. M., and Dodaro, R. J., *Augustine*, Political Writings (Cambridge, UK: Cambridge University Press, 2004).

Carter, J. W., "St. Augustine on Time, Time Numbers and Enduring Objects", in
Vivarium, Vol. 49, Issue 4, 301–323 (Leiden: Brill, 2011).

Chadwick, Henry, *Augustine* (Oxford: Oxford University Press, 1986).

Coyne, Ryan, "A difficult proximity: the figure of Augustine in Heidegger's path" in
Journal of Religion, Vol. 91, issue 3, 365–396 (Chicago: The University of
Chicago Press, 2011).

Deane, R. A., Political and Social Ideas of St. *Augustine* (New York: Columbia
Universiy Press, 1963).

Dodaro, Robert, *Christ and the Just Society in the Thought of St. Augustine*
(Cambridge: Cambridge University Press, 2004).

Dyson, R., *The Pilgrim City: Social and political ideas in the writings of Saint
Augustine of Hippo* (Woodbridge: Suffolk, 2001).

Dyson, R., *St. Augustine of Hippo, The Christian Transformation of Political
Philosophy* (London: Continuum, 2005).

Elshtaia, Jean, *Augustine and the limits of politics* (Notre Dame: University of Notre
Dame Press, 1995).

Fischer, Nobert, *Augustinus, Spuren und Spiegelungen seines Denkens*, Bd. 2
(Hamburg: Felix Meiner Verlag, 2009).

Fischer, Nobert, Schöningh, Ferdinand, heraus., *Schöpfung, Zeit und Ewigkeit.
Augustinus: Confessiones 11-13* (Hamburg: Felix Meiner Verlag, 2006).

Guitton, Jean, *Le temps et l'éternité chez Plotin et Saint Augustin* (Paris: J. Vrin,
1971).

Guitton, Jean, *The Modernity of Saint Augustine* (London: Franklin Classics,

1959/2018).

Highland, Jim, "Transformation to eternity: Augustine's conversion to mindfulness", in *Buddhist-Christian Studies* 25 (Honolulu: University of Hawaii Press, 2005).

Humphries, Thomas L. Jr., "Distentio Animi: praesens temporis, imago aeternitatis", in *Augustinian Studies* Vol. 40, Issue 1, 75-101 (Charlottesville: Philosophy Documentation Center, 2009).

Meijering, E. P., *Augustin über Schöfung, Ewigkeit und Zeit, das Elfte Buch der Bekenntnisse* (Leiden: Brill, 1979).

Markus, R. A., *Saeculum: History and Society in the Theology of St. Augustine* (Cambridge, UK: Cambridge University Press, 1970).

Marrou, Henri-Irené, *Saint Augustin et l'augustinisme* (Paris: Seuil, 1955/2003).

Mattox, John, *Saint Augustine and the Theory of Just War* (London: Continuum, 2006).

Mitchell, John, *Not by Reason Alone, History and Identity in Early Modern Political Thought* (Chicago: Chicago University Press, 1995).

Polk, Danne W., 'Temporal Impermanence and the Disparity of Time and Eternity', in *Augustinian Studies* 22 (Charlottesville: Philosophy Documentation Center, 1991).

Ricoeur, Paul, *Temps et Récit 1* (Paris: Seuil, 1983).

Stump, E. and Kretzmann, N., ed. *The Cambridge Companion to Augustine* (Cambridge, UK: Cambridge University Press, 2001).

Sorabji, Richard, *Time, Creation and the Continuum* (London: Duckworth, 1983).

Taylor, Charles, *Sources of The Self*, *The Making of the Modern Identity* (Cambridge, MA: Havard University Press, 1989).

Will, Gary, *Augustine* (New York: Viking, 1999).